语言服务书系·汉语本体研究

汉语主观与客观高量级程度副词演变发展的对比研究

欧苏婧 著

暨南大学出版社
JINAN UNIVERSITY PRESS

中国·广州

图书在版编目（CIP）数据

汉语主观与客观高量级程度副词演变发展的对比研究/欧苏婧著. — 广州：暨南大学出版社，2023.1
（语言服务书系. 汉语本体研究）
ISBN 978 - 7 - 5668 - 3526 - 0

Ⅰ. ①汉…　Ⅱ. ①欧…　Ⅲ. ①汉语—词汇—研究　Ⅳ. ①H13

中国版本图书馆 CIP 数据核字（2022）第 193094 号

汉语主观与客观高量级程度副词演变发展的对比研究
HANYU ZHUGUAN YU KEGUAN GAOLIANGJI CHENGDU FUCI YANBIAN FAZHAN DE
DUIBI YANJIU
著　者：欧苏婧

· ·

出 版 人：张晋升
责任编辑：姚晓莉　王熳丽
责任校对：刘舜怡　黄子聪
责任印制：周一丹　郑玉婷

出版发行：暨南大学出版社（511443）
电　　话：总编室（8620）37332601
　　　　　营销部（8620）37332680　37332681　37332682　37332683
传　　真：（8620）37332660（办公室）　37332684（营销部）
网　　址：http：//www.jnupress.com
排　　版：广州良弓广告有限公司
印　　刷：佛山市浩文彩色印刷有限公司
开　　本：787mm×960mm　1/16
印　　张：11.75
字　　数：260 千
版　　次：2023 年 1 月第 1 版
印　　次：2023 年 1 月第 1 次
定　　价：49.80 元

前　言

　　上古时期、中古时期、近代以及现当代，受语义磨损的影响，各阶段都出现了新兴的表主观高量的程度副词，同时也有消亡或沿用前一阶段的。表主观的程度副词从主观性上可细分为主观程度副词和客观程度副词；表高量的程度副词从量级上可细分为极量级、超量级和高量级程度副词。本书选取具有显著性的主观高量级程度副词与客观高量级程度副词进行对比研究，从历时角度出发，对各个时期的主观高量级程度副词和客观高量级程度副词进行对比研究。本书通过全方位系统剖析，深度挖掘高量级程度副词总体的发展特征和演变规律；通过对比研究，从认知角度更好地了解在主观高量表达上，高量级程度副词产生、发展及使用过程中呈现的不同特征；在综合对比的基础上，深化程度副词乃至副词实词虚化演变过程的研究，从而丰富汉语语法史的多角度研究。

　　本书共六章：第一章是绪论，包括研究缘由、研究意义、研究现状、研究方法以及对主观和客观高量级程度副词的界定。

　　第二章通过对上古汉语主观和客观高量级程度副词的个案研究，发现在演变过程中，二者的语法化过程都是以含有的特定语义特征为语义基础，通过隐喻机制，伴随后带成分的抽象化以及语义重心的后移，又加之语用因素在临界状态的外力推动作用，实词虚化为高量级程度副词。二者的组合搭配对象皆是性质形容词、心理动词、能愿动词、"有＋名"结构、其他含性状义的动词或短语。同时二者都出现了同类连用现象，语义都较容易磨损。二者的不同主要体现在：含有的语义特征不同；在组合搭配上，主观高量级程度副词使用频率最高的"甚"的组合搭配对象比使用频率最高的客观高量级程度副词"愈"的组合搭配对象丰富；在连用上，客观高量级程度副词连用现象比主观高量级程度副词多。

　　第三章通过对中古汉语主观和客观高量级程度副词的个案研究，发现二者语法化过程与上古时期一致。在中古时期，二者都出现了新的组合搭配对象——比拟动词和介宾结构。在句法功能上，二者都可作状语，大多位于谓语成分中。随着中古时期结果补语的出现，二者还可作状语用于补语成分中。另外二者在中古时期仍然存在连用现象，并且都出现了新兴成员，同时也有消亡、不再使用的成员。其不同主要体现在：一是主要含有的语义特征、隐喻机制不同；二是在连用上，客观高量级程度副词连用现象相较于主观高量级程度副词而言较多，出现了与"复""稍"的连用；三是中古时期主观高量级程度副词的新兴成员的数量比客观高量级程度副词多。

第四章通过对近代汉语主观和客观高量级程度副词的个案研究发现，二者的语法化过程与上古、中古时期一致。二者在近代出现了新的组合搭配对象——动补结构。同时二者在近代都有新兴成员，并仍然都出现了连用现象。其不同主要体现在：一是主要含有的语义特征不同，其具体的隐喻过程不同；二是在连用上，客观高量级程度副词连用现象相较于主观高量级程度副词而言较多，并出现了重叠使用和三连用现象；三是近代主观高量级程度副词的新兴成员的数量比客观高量级程度副词多。

第五章通过对现代汉语主观和客观高量级程度副词进行的个案分析，发现二者语法化过程与古代汉语一致。二者在现代都有新兴成员的出现。其不同主要包括：含有的语义特征不同、具体的隐喻过程不同；在连用上，客观高量级程度副词不再出现连用现象，而主观高量级程度副词仍有连用现象，但不能跨类连用；主观高量级程度副词的新兴成员的数量比客观高量级程度副词更多；在当代仍有新兴的主观高量级程度词产生，但客观高量级程度副词没有出现；另外客观高量级程度副词不能用作补语，而有些主观高量级程度词是由补语位置转换而来，且只能用作补语。

第六章对主观与客观高量级程度副词的发展特征进行对比分析。经研究发现，在二者的发展特征中，相似之处有：语义指向明晰化；语义特征区分类别明晰化；跨类连用减少化；语法化具有单向性；主观性增强；主观化呈双向发展。其不同体现在：一是主观高量级程度副词的程度量级具有模糊性；二是主观高量级程度副词的虚化可发生在补语位置；三是主观高量级程度副词的语义特征可互为反义词，主观性更强；四是主观高量级程度副词的新兴成员数量更多，但古代汉语里的连用现象不及客观高量级程度副词多。

欧苏婧

2022 年 11 月 5 日

目　录

第一章 绪 论

第一节 研究缘由

互联网以及新媒体的广泛使用使得语言新现象层出不穷，语言进程也因此得以加速发展。曹春静（2018）提到，由于人类主观情绪表达的需要，主观程度量级会被频繁使用，因此语义常常容易发生磨损。为了丰富并加强表达，语言系统便会促使新表达的出现。而表主观的程度量级在语言系统中属于较为活跃的部分。由于高量（包括极量级、超量级、高量级）①又属于人类主观认知范畴中的显著类型，语义容易磨损；因而在层出不穷的语言新现象中，主观高量程度表达占了不小比例，比如近些年来出现的"超喜欢""巨多""狂冷""爆可爱""暴好吃"等。

据沈家煊（1994）所说，很多共时现象如果不采用历时因素就无法阐释清楚。由于程度副词是较常用的程度表达方式之一，因此上古时期、中古时期、近代以及现代，受语义磨损的影响，各阶段都有新兴的表主观高量的程度副词出现，同时也有消亡或沿用前一阶段的程度副词。表主观的程度副词从主观性上可细分为主观程度副词和客观程度副词。②表高量的程度副词在量级上可以细分为极量级、超量级和高量级。受频繁使用的影响，高量级往往更容易发生语义磨损。因此高量级较极量级、超量级而言，变化更为显著。在各阶段，高量级的新兴成员数量比极量级、超量级更多。因此本书选取更具有显著性的主观高量级程度副词与客观高量级程度副词③进行对比，从历时角度出发，由上古时期开始，历经中古时期、近代，一直延伸到现代，对各个时期的主观高量级程度副词和客观高量级程度副词进行对比研究。此研究既包括语义基础及语义演变的对比研究，也包含语法功能、语用等方面的比较分析。本书通过全方位系统剖析，深度挖掘高量级程度副词总体的发展特征和演变规律；通过对比主观高量级程度副词和客观高量级程度副词的演变发展，从认知角度更好地了解在主观高量表达上，高量级程度副词产生、发展及使用过程中呈现的不同特征，由此深化程度副词乃至副词实词虚化演变过程的研究，并丰富汉语语法史的多角度研究。

---

① 高量包括极量级（如"极、最"）、超量级（如"太"）、高量级（如"很、更"），详见第一章第五节。

② 主观程度副词和客观程度副词的界定，详见第一章第五节。

③ 主观高量级程度副词和客观高量级程度副词的界定，详见第一章第五节。

第二节　研究意义

　　本书研究的意义主要体现在：实现古今汉语高量级程度副词的对接研究；对比主观高量级程度副词和客观高量级程度副词演变过程的异同；概括其语义演变过程中的总体特征和规律；总结其语法功能方面的发展和变化；探寻其语法化①、词汇化②、主观化过程中的演变规律；丰富汉语程度副词的多角度研究和汉语语法史的研究；深化汉语语法化、词汇化、主观化、认知语言学等理论；同时为对外汉语教学提供理论及实践的指导作用。

第三节　研究现状

一、程度副词的定义及范围

　　古代汉语的程度副词往往用语义来进行界定。杨荣祥（1999），杨伯峻、何乐士（2001），唐贤清（2004a）都指出，程度副词是表示行为动作或性质状态达到的各种程度的。

　　在现代汉语中，王力（1985）明确对程度副词用语义——"表示程度"来进行界定。光有简单概括的语义限定远远不够，于是在语法功能上，赵元任（1979）提到程度副词可以修饰形容词，一般不修饰动词。朱德熙（1982）指出，程度副词可修饰形容词和少数动词及述宾结构。

　　学者们一致认为程度副词主要用作状语。杨荣祥（2004）、刘丹青（2005）认为古代汉语里程度副词不用作补语，但张谊生（2000a）认为近现代汉语中存在程度副词作补语的现象，且现代汉语里部分程度副词是在补语位置上虚化而来的。唐贤清、罗主宾（2014）还通过对汉语方言和少数民族语言进行分析研究，论证了程度副词作补语的情况。

---

　　①　杨荣祥（2001：308）指出：语法化是指一个词汇性语素的使用范围逐步增加较虚的成分和变成语法性语素的演化，或是从一个不太虚的语法要素变成一个更虚的语法要素。本书中的语法化主要指实词虚化为虚词的过程。

　　②　参照董秀芳（2002：63），付开平、匡鹏飞（2021：90），本书中的词汇化主要是指由词组（短语）融合为一个整体，即变为一个词的过程。

学界由于认识不同，对于程度副词的界定范围，历来有不同的说法。在古代汉语里，胡丽珍（2008）以及雷冬平、胡丽珍（2011）认为，"暴""超""巨""狂"是程度副词；而张家合（2017）并未将这些词纳入古代汉语的程度副词里。在现代汉语里，丁声树（1980）列出程度副词16个；吕叔湘（1980）列出了33个；朱德熙（1982）列出了17个；李泉（1996）列出了76个；张谊生（2000b）列出了89个；蔺横、郭姝慧（2003）列出了85个；张谊生（2014）将其增加到99个；张道俊、石艳（2015）列出了120个。他们的分歧主要是具有文言色彩或方言色彩的程度副词的归类不同，词类划分出现交叉现象，使用频率有高有低，是否已经完成语法化和语法化程度高低不同，以及只用作补语的程度副词的归类不同等。

二、程度副词的分类

在古代汉语里，单纯从语义角度出发，吕雅贤（1992）将程度副词分为"最""甚""微""更""信""渐"六类。陈兰芬（2004）将程度副词分为"最""极""甚""过""微""更""渐"七类。陈群（2006）则分为"太""更加""最""很""稍"五类。张家合（2017）分为"最""太""甚""更""略"五类。其中"最"类词表示程度到达顶点，如"最、极、至"。"太"类词表示动作性状超过常规程度，如"太、过"。"甚"类词表示动作或性状的程度很高，如"甚、很"。"更"类词表示动作或性状的增加或变化，如"愈、更"。"略"类词表示程度低，如"略、微"。从语义角度并结合量的角度出发，柳士镇（1992）把程度副词分为表极至、转甚、轻微三类。徐朝华（1993）把程度副词分为表程度高低深浅和表程度变化两类。杨伯峻、何乐士（2001）把程度副词分为程度高、程度变化中、程度轻微、程度合适、程度差不多五类。葛佳才（2005）把程度副词分为表程度至极、过分、高、轻微和变化五类。赵长才（2006）则将其分为四类：程度最高、程度过甚、一般的程度很高和在比较基础上的程度增高。

在现代汉语里，王力（1985）从语义角度出发将程度副词分为绝对程度副词和相对程度副词两类——无比较，泛言程度的是绝对程度副词；有所比较的是相对程度副词。周小兵（1995）把一般、独立地表程度的称为绝对程度副词，把通过比较来显示程度的称为相对程度副词。张斌（2010）从句法功能角度出发，把能够明确进入比较句法的称为相对程度副词，不能进入的则是绝对程度副词。结合语义并从量的角度出发，马真（1988）把程度副词分为程度深和程度浅两大类。程度深的有"最"类、"很"类和"更"类；程度浅的有"有点儿"类、"比较"类和"稍微"类。张桂宾（1997）把相对程度副词分为最高级、更高级、比较级和较低级；把绝对程度副词分为超级、极高级、次高级和较低级。张谊生（2000b）将相对程度副词分为最高级（如"最、顶"）、较高级（如"更加、越发"）、较低级（如"稍微"）；将绝对程度副词分为超量级（如"太、过于"）、高量级（如"很、挺"）、低量级（如"有点"）。蔺璜、郭姝慧（2003）则把相对程度副词分为极量（如"最"）、高量（如"更加、越发"）、中量（如"比较"）、低量（如"稍微"）；将绝对程度副词也分为四类：极量（如"至、极、过分、万分"）、高量（如"很、非常"）、中量（如"不太"）和低量（如"有点"）。

除了根据语义和量分类，程度副词还可以根据语法功能进行分类。如夏齐富（1996）把只能修饰动词和形容词及其短语的分为一类；把除了修饰动词和形容词及其短语外，还能修饰名词、数量词、方位词的分为一类。除此以外，程度副词还可以根据语体分为书面语、口语、通用语［徐晶凝（1998）］；根据音节分为单音节、双音节程度副词等。

三、古代汉语程度副词研究

古代汉语包括上古汉语、中古汉语及近代汉语。关于古代汉语程度副词的研究，有许多是通过考察古籍中的副词或程度副词进行的。如李杰群（1997）、齐瑞霞（2002）、赵振兴（2003）、张海涛（2003）、赵长才（2006）、赵娟（2005）、任雪梅（2006）、张亚茹（2006）、孙玲（2006）、陈家春（2006）、陈海生（2006）、田静（2007）、刘云峰（2007）、索烨丹（2007）、王丽霞（2007）、钞晓菲（2007）、于员玉（2007），时良兵（2004）、夏雨晴（2004）、梅光泽（2005）、牛丽亚（2005）、鲍金华（2005）、宋相伟（2005）、林桦（2007）、师倩（2007）、毛丽娜（2007）、常志伟（2008）、单梅青（2008）、童健（2008）、孙淑梅（2008）、李向梅（2007），王群（2001）、唐贤清（2003）、刘金勤（2004）、张艳（2004）、顾珍（2006）、杨惠（2007）、冯军（2007）分别对《孟子》《淮南子》《周易》《庄子》《战国策》《诗经》《论语》《韩非子》《荀子》《史记》《晏子春秋》《国语》《春秋公羊传》《春秋谷梁传》《孙子》《新书》《南齐书》《世说新语》《论衡》《高僧传》《搜神记》《列子》《齐民要术》《魏书》《抱朴子内篇》《洛阳伽蓝记》《醒世姻缘传》《朱子语类》《直说通略》《梁书》《周书》《白居易集》《陈书》等书中的副词包括程度副词进行了研究。覃兴华（2006）、李海霞（2007）、李林浩（2007）、张诒三（2001）、刘晓惠（2005）、李锦（2009）、孟艳红（2004）、武振玉（2005）、武振玉（2003）、傅书灵（2007）、彭坤（2007）、郑燕萍（2007b）、郑秋娟（2008）、王丽洁（2007）、卜于靖（2007）分别对《庄子》《论语》《孟子》《老子》《战国策》《三国志·魏书》《搜神记》《三国志平话》《五灯会元》《三言二拍》《儿女英雄传》《歧路灯》《红楼梦》《型世言》《水浒传》等书中的程度副词进行了研究。

关于古代汉语某些历史时期的程度副词的研究有：吕雅贤（1992）研究了从先秦到西汉的程度副词的发展，徐朝华（1993）考察了周秦到西汉的部分程度词的来源，陈兰芬（2004）对中古汉语的程度副词进行了探讨，高育花（2007）对中古汉语的副词包括程度副词进行了研究，葛佳才（2005）对东汉副词系统进行了分析，陈群

（2006）对明清时期的程度副词进行了探讨，张家合（2017）则对古代汉语的程度副词进行了全面貌的概括描写。

在古代汉语程度副词的研究中，针对主观高量级程度副词的来源或语法化的研究主要有：袁宾（1984）关于"好不"的研究；李杰群（1986）关于"甚"的研究；唐韵（1992）、武振玉（2004a）关于"十分"的研究；洪成玉（1997）、高育花（2007）关于"颇""差"的研究；唐贤清（2002）关于"大段"的研究；唐贤清（2003b）关于"大故"的研究；王静（2003）关于"很"的研究；陈兰芬（2004）关于"非常""酷"的研究；武振玉（2004b）关于"好"的研究；李计伟（2005）关于"老大"的研究；黄增寿（2005b）关于"偏""甚大"的研究；陈明美（2005）关于"非常"的研究；卢惠惠（2009）关于"老"的研究；张家合（2017）关于"怪""生""挺""满""蛮"的个案研究等。

在古代汉语程度副词的研究中，针对客观高量级程度副词的来源或语法化的研究主要有：黄增寿（2005b）关于"倍""倍加"的研究；高育花（2007）关于"更"的研究；陈兰芬（2004）关于"更加"的研究；张家合（2010）关于"越""越发"的研究；王秀玲（2007）关于"分外"的研究等。

四、现代汉语程度副词研究

关于现代汉语程度副词的研究有很多，主要体现在语法功能、比较、个案等方面。我们选取有代表性的进行阐述。

在语法功能上，朱德熙（1982）指出，程度副词可以修饰形容词和少数动词及述宾结构。由于性质形容词表量幅，因此能够被程度副词修饰。状态形容词已定量，因而不能被程度副词修饰。沈家煊（1995）、张国宪（2000）等都持这样的观点，但吴立红（2005）提到了程度副词修饰状态形容词的新现象。张谊生（2010）解释了这一现象出现的动因——二次计量、主观赋量、结构类推、语义退化。在修饰动词性成分上，王红斌（1998）、郝琳（1999）等探讨了程度副词修饰动词成分的情况；杨德峰（1999）等研究了程度副词修饰动词短语的情况。张谊生（2004）指出只有具有性状意义的动词及动词短语才能受程度副词修饰。刁晏斌（2007）指出一般动词需要满足非动作性、性状义和程度义三个条件才能被程度副词修饰。李宇明（1994）、贺阳（1994）、姚占龙（2004）等对"程度副词＋有＋名词"结构的形成条件、原因、语义、语法、语用特点等进行了分析探讨。在修饰名词性成分上，赵元任（1979）、朱德熙（1982）、吕叔湘（1984）认为副词不能修饰名词。胡明扬（1992）、桂诗春（1995）认为副词可以修饰名词，但有条件限制。施春宏（2001）认为，有描述性语义特征的名词可以被程度副词修饰。邵敬敏、吴立红（2005）对程度副词修饰名词的现象，用语义双向选择原则进行了解释。滕沁芳（2013）对能被程度副词修饰的名词进行了分类。关于程度副词作状语和补语的句法功能研究，本书在第一章第三节中已论述，在此不再赘述。

现代汉语关于程度副词的比较研究也很丰富。与主观高量级程度副词相关的研究有：马真（1991）关于"很、挺、怪、老"的对比研究；王宗联（1993）关于"很"和"最"的对比研究；高永奇（1999）关于"多（么）""太"的比较研究；张琪昀（2002）关于"太"和"很"的对比研究；杜道流（2004）关于"多么、太、好"的对比研究；单韵鸣（2004）关于"真"和"很"的比较研究；徐建宏（2005）关于"很"和"太"的对比研究；郑章（2012）关于"多（么）""真"的对比研究；李翔宇（2015）关于"很""太""老"的对比研究等。

与客观高量级程度副词相关的研究主要有张智慧、李冬鸽（2010）关于"更"与"还₁"的对比分析，周泉（2014）关于"格外"与"分外"的对比分析等。

与比较研究相似，现代汉语主观高量级程度副词的个案研究也主要集中在"很""非常"等词的语法化和语法功能等方面。如王静（2003）关于"很"的研究；陈明美（2005）关于"非常"的研究等。而现代汉语客观高量级程度副词的个案研究主要集中在"更""还₁""越"等词的语法化和语法功能等方面。如葛宁（2012）关于"更"的研究，曾萍萍、毛继光（2011）对"越 X 越 Y"的构式分析，吴长安（2008）关于"还₁"的研究等。

五、当代新兴主观高量级程度词研究

当代新兴主观高量级程度词主要有"暴、爆、巨、超、狂、奇"等。邓海宁（2017）指出，对于这些新兴主观高量级程度词，学者们看法不一。有些学者认为其已具备程度副词的语法功能，可以称之为程度副词；也有学者认为其使用范围不广，仍在虚化过程中，还不能称之为程度副词。对此我们将这类词统称为"程度词"。针对新兴主观高量级程度词的研究主要有：周娟（2006）探讨了"暴、狂、巨、超、奇"的组合功能、形成基础和语用价值；赵芳（2006）对"巨、恶、狂、超、暴"等词的分布、功能、语义、语用以及产生的原因和发展趋势进行了研究；杨荣华（2007）对"狂、暴、巨、超"等词的程度量级进行考察，得出了在程度量级上，暴＞狂＞巨＞超的结论；胡丽珍（2008）论证了"巨、奇、狂"不是新兴的程度副词，而是古代汉语的继承和发展；蔡冰（2010）认为，"狂"在语义、语法、语音以及社会使用等方面的语法化程度较低，还处于语法化的进程中；雷冬平、胡丽珍（2011）认为"暴"和"超"是古代汉语在当今的激活使用；顾铭（2013）对"超"的语法化、语法功能、新兴用法产生的因素进行了探讨；麻彩霞（2017）对"超、巨、狂、暴"与动宾词组的搭配进行了考察；朱磊（2018）对"狂、超、暴、爆"的语法功能和演化进程进行了研究；王思逸（2018）对"超、巨"的语法功能和语义特征进行了探讨。

六、汉语程度副词的主观性和主观化研究

哲学家弗雷格把语句分为命题和命题态度两部分。其中命题态度是指对命题的断定、疑问等态度，语句的命题态度直接展示了语言的主观性。法国语言学家本维尼斯特（Benveniste）明确指出，语言带有深刻的主观性。莱昂斯（Lyons）在 Stein D. & S. Wright 主编的 *Subjectivity and Subjectivisation* 一书中提到，说话人在说话时会对其说话内容进行表态，即通过观点、立场、信念等进行自我表达。因此 Lyons 与 Benveniste 的观点一致，认为主观性是语言的一种特性。

语言的主观性的实现方式被称为"主观化"。法恩根（Finegan）在 *Subjectivity and Subjectivisation* 一书中指出，主观化是指语言在发展过程中为体现出主观性而相应采用的结构形式，又或是其演变过程本身。依照沈家煊（2001）的解释，这一定义既是一个"共时"的概念，又是一个"历时"的概念。兰盖克（Langacker）是采用"共时"的角度来看待"主观性"和"主观化"的。他从认知的角度出发，认为说话人或听话人是根据交际的需要，从某一角度出发来"识解"（construe）"话语事件"（speech event）的。"主观化"则是将"话语述义"（predication）中实体与实体的关系由"客观"投射到"主观"上。特劳戈特（Traugott）从历时的角度来研究主观性，她将研究置于语法化的框架中，认为主观认识情态（epistemics）的发展趋势是由弱到强。也就是说在语言中，句子意义会越来越倾向于表达说话人对命题内容的态度。

参照沈家煊（2001）所述，语言可以通过韵律变化、语气词、代词、副词、情态动词、重复、词序、词缀、时体标记等来表达情感。所以语言可以通过这些手段来实现主观化，展示其主观性。在汉语里，有关主观性和主观化的研究，主要体现在副词、指示语、语气词、话语标记、句式和结构、复句等方面；关于汉语程度副词的主观性和主观化研究，主要有：李晋霞（2005）关于"好"的虚化与主观化的研究；牛庆（2017）关于"颇""多""好""很""怪""挺"的主观性和主观化的研究等。

七、现有研究的成就与不足

总之，前人关于程度副词的研究取得了不少成就。关于古代汉语主观高量级程度副词、客观高量级程度副词的研究，主要集中在对古籍或某一历史时期的程度副词研究以及一些个案研究上；关于现代汉语主观高量程度副词、客观高量级程度副词的研究，主要体现在现代汉语程度副词总的语法功能、比较以及个案研究上；当代新兴高量级程度词的研究主要集中在对"暴、爆、巨、超、狂、奇"等词的语法功能、语义、语法化等方面。关于汉语程度副词的主观性研究，主要集中在"好""真""颇""多""很""怪""挺"等个案研究上。

其研究的不足主要体现在：关于古代汉语程度副词的研究，往往叙述的多，针对

特征、规律的提炼较少，也缺乏从主观高量角度出发的探讨；关于现代汉语主观高量级程度副词和客观高量级程度副词的研究，已经有一些个案的研究，但对其整体（集合）的探讨不多；目前对于衔接古代汉语及现代汉语的主观高量级程度副词包括新兴高量级程度词，以及客观高量级程度副词的研究较少，对其关联、相互影响以及各个阶段的发展特征和整体规律的探讨也较少。

第四节　研究方法

一、历时与共时相结合的研究方法

本书从历时角度出发，即从上古时期开始，到中古时期、近代，一直延伸到现当代，对汉语主观高量级程度副词和客观高量级程度副词进行系统分析。历时又是若干共时的连续体。在同一历史时期，本书还对同类程度副词进行比较，探寻其在语义、语法功能、语用等方面的异同。

二、描写与解释相结合的研究方法

描写是解释的基础。本书对古代汉语、现代汉语及当代新兴的主观高量级程度副词和客观高量级程度副词的语义、语法功能、语用及语法化、词汇化过程等方面进行详尽描写。在充分描写的基础上，本书运用语法化、词汇化、认知语言学等理论对其进行解释，概括其发展变化的特征，探寻其语法化过程的一般规律。

三、语料库与内省分析相结合的研究方法

本书的语料主要来源于中国古代文学、现当代文学经典作品，汉译佛经文献、敦煌变文，《祖堂集》《齐民要术》《老乞大谚解》《朴通事谚解》，北京大学 CCL 语料库、北京语言大学汉语语料库 BCC、国家语委语料库、人民日报图文数据库，人民网、新浪网等。[①] 本书结合语料库，运用内省分析法提炼汉语表主观高量的程度副词在语义演变以及语法化、词汇化过程中的特征和发展规律。

四、定量与定性相结合的研究方法

本书结合前人的研究和语料库，在量化统计的基础上做详尽、客观的描写，并进行定性分析，概括、提炼汉语表主观高量的程度副词在历史发展过程中的特征，并探寻其内在演变规律。

---

① 　语料来源详见附录1。本书语料皆注明出处。未注明出处的为笔者的自造句。

五、语言对比的研究方法

本书在共时、历时层面上对主观高量级程度副词和客观高量级程度副词进行对比研究；同时对主观高量级程度副词和客观高量级程度副词各自的内部成员进行对比，研究其语义、语法功能和语用等方面的相似性、差异性以及在发展变化过程中的异同；在历时研究中，本书也会将汉语与英语进行对比，探讨其在语法化过程中的差异。

第五节　主观高量级程度副词与
客观高量级程度副词的界定

一、程度副词的界定

根据王力（1985），杨荣祥（1999），杨伯峻、何乐士（2001），唐贤清（2004a）所提，程度副词在语法意义上表程度。大多数学者认为程度副词主要用作状语。赵元任（1979）、朱德熙（1982）、沈家煊（1995）、张国宪（2000）等都认为，程度副词可以修饰性质形容词及少数动词和述宾结构。

据此，程度副词可限定为：在语法意义上表程度、用作状语，可修饰性质形容词及少数动词和述宾结构。学者们对这一限定没有分歧。

而程度副词的界定，其分歧主要体现在具有文言色彩或方言色彩的程度副词的归类、词类划分出现的交叉现象、使用频率的高低、语法化和语法化程度的问题以及作补语的程度词的归类等。

对于具有文言色彩的程度副词的归类问题，本书立足于历时考察，因此不存在文言色彩的程度副词的归属问题。对于具有方言色彩的程度副词的归类问题，因本书主要针对古代汉语、近代汉语及现当代汉语的官话、普通话研究，所以只用于方言中的程度副词不属于本书的探讨范围。

针对词类划分的交叉现象，在古代汉语中，本书主要参照使用范围和使用频率进行鉴别；在现代汉语中，本书认为还可采用与典型程度副词作比较的方法进行辨别。在此以古代汉语中的"光"、现代汉语中的"可"为例。如：

（1）有孚，光亨，贞吉，利涉大川。——《周易·需·卦辞》

赵振兴（2003）提到，例（1）中的古代汉语"光"有"广""大"之义，解释为程度副词，表"很、非常"。参照《古代汉语词典》（第 2 版）第 470 页释义，"光"的第三条释义为"广、广阔"。如：

（2）夫其子孙必光启土，不可偪也。——《国语·郑语》

"光"据此可引申为"大"。如：

（3）燮和天下，用答扬文武之光训。——《尚书·顾命》

例（3）中的"光"为"大"之义。虽然例（1）中的"光"可以解释为"很、非常"，但如赵振兴（2003）所述，也可以用词典中的释义"大"来阐释。由于此类"光"使用"大"的释义的范围和频率远大于释义"很、非常"，因此这类"光"应解释为"大"，归为范围副词而不是程度副词。

（4）她长得可好啦。

刘月华（2001）将例（4）中的这类"可"列为程度副词，而蔺璜（2003）未将其视为程度副词。从语义上分析，这类"可"可以表"很、非常"之义。因此我们可以采用与现代汉语典型程度副词"很"作对比的方法进行辨别，具体如下：

她长得可好啦。　　　　　她长得很好啦。
她长得可太好啦。　　　　*她长得太很好啦。

由此可见，在"她长得可好啦"一句中，"可"可以用典型程度副词"很"替代。但在"她长得可太好啦"中，"可"不能被典型程度副词"很"替代①。这类"可"虽然可以解释为"很、非常"，但与典型的程度副词"很"有区别。其在运用上更多的是表示语气的强调，应视为语气副词而不是程度副词。

依据张谊生（2000c）指出的，副词是由名词、动词、形容词等实词虚化即语法化而来。依照石毓智（2006）提到的，一个词向某一个语法格式转变，需要具备相宜的语义、合适的句法环境以及足够高的使用频率三个条件。对此我们认为，程度副词的界定，除了要考虑语法意义上表"程度"、语法功能上主要用作状语、可修饰性质形容词和少数动词及述宾结构等因素，还应考虑使用频率以及语法化程度高低等因素。

---

① 现代汉语里的高量程度副词一般不能跨类别使用，但古代汉语里可以。详见第五章。

在使用频率上，我们认为，上古、中古和近代的程度副词以及现代汉语中的程度副词应参考相关字典、词典的释义。① 对于在某一阶段出现的频率不高的程度词，部分字典、词典未将其列为程度副词，但其表程度的语义与它的其他语义已有明显区别，且在其后的阶段中仍用于表程度并占有一定比例，那么在现阶段中，本书也将其视为程度副词。

在语法化上，我们可以参照苏颖、杨荣祥（2004）提出的状位形容词与副词作状语的鉴别方法，以及和典型的程度副词作对比的方法。状位形容词与副词作状语的鉴别方法是指如果这个形容词进入状位，其语义与它在其他句法位置上的意义相同或变化不大，那么这个词仍是形容词，未发生语法化。反之这个词则虚化为副词，实现了语法化。

以"狂喊"和"狂冷"为例。具体如下：

狂喊　　　狂冷
疯喊　　　＊疯冷
＊很喊　　　很冷

"狂"作为形容词，与"疯"是近义词。"狂喊"和"狂冷"都属于状中结构。"狂喊"可以用"疯喊"替代，但不能说"＊很喊"；"狂冷"可以用"很冷"替代，但不能说"＊疯冷"。由此可见"狂喊"中的"狂"仍是形容词，而"狂冷"中的"狂"可视为虚化为"程度（副）词"，开启了语法化进程。动词、名词是否虚化为程度副词也参照此方法。语法化的程度高低则取决于其虚化后的使用频率和使用范围。

对于作补语的程度词的归类问题，杨荣祥（2004）、刘丹青（2005）认为古代汉语里程度副词不作补语。依照张谊生（2000a）指出的，现代汉语中有部分程度副词的虚化是在补语位置上实现的。近现代汉语中存在程度副词作补语现象，如"好极了"中的"极"，"好得很"中的"很"。唐贤清、陈丽（2010），刘平（2011）也对此进行了阐析论证，认为其如果表程度并具有形式标记"了"和"得"，可视为程度补语。我们赞同这一观点，但程度副词作补语出现的具体时间还有待进一步探讨。对于只能用作补语、在语法义上表程度的词是否是程度副词，我们认为也应考虑其语法化程度高低以及使用频率的问题。

---

① 如果一个词既可采用实词义进行解释，也可采用由此实词义引申出来的虚词义进行解释，本书倾向于采用其实词义进行解释。

二、主观程度副词和客观程度副词的界定

在现代汉语里，王力（1985）提出，无比较、泛言程度的是绝对程度副词，如"极、很、太"；有所比较的是相对程度副词，如"更、稍微"。张国宪（1996）指出，以说话人心中的标准为参照物，以此来衡量程度量幅的是"表主观量的程度词"，如"极、很、太"；以客观事物为参照，可用于比较句的是"表客观量的程度词"，如"更、稍微"。另外在绝对程度副词与主观性相关联的问题上，牛庆（2017）论证了"颇、多、好、很、怪、挺"六个高量绝对程度副词的主观性。

不过谢平（2011）指出，在某些有明确比较对象的情况下，我们仍然可以使用表主观量的绝对程度副词。例如：

（5）相比小明，你的字（写得）很好了。
（5'）*你的字比小明很好。
（5"）*和小明比起来，你的字很好一点。

例（5）中有明确的比较对象"小明"，但例（5）仍然成立。由于我们不能使用比字句①，因此例（5'）不成立。另外例（5"）亦不成立，即我们不能在比起句②使用了绝对程度副词"很"后，在形容词"好"后加上"一点"。为区别此种情况，谢平在文中把现代汉语的程度表达分为 A 类和 B 类。其中 A 类程度表达不管是否有参照物，语义焦点都集中在主体事物本身程度上，如"很、极、挺"等；B 类则把语义焦点放在主体事物与参照物的差距上，如"更、比较"等。

根据邵敬敏（2017）所述，每一个句子都存在客观性和主观性，只不过不同句子其客观程度和主观程度不同。有的客观程度高而主观程度低，有的主观程度高而客观程度低。相比较而言，在语言的词类里，名词、动词、形容词是表客观的主体，客观程度相对较高；副词作为一种表现主观性的句法手段，其主观程度相对较高。

因此，程度副词，在主观程度上明显高于名词、动词、形容词。在程度副词内部，由于绝对程度副词是泛言程度，相较于相对程度副词是基于客观事实比较的基础上而言的，绝对程度副词的主观程度明显高于相对程度副词。作为程度副词内部成员的相对程度副词，由于副词、程度副词本身具有主观性，因此相对程度副词显然也具有主观性。

参照前人研究，我们把"主观程度副词"界定为：不能用于比字句；不与客观事

---

① 比字句是指能进入"比 + 名词/代词 + ［　　］ + 谓词"结构的句子。
② 谢平（2011）把"相比 B，A……""和 B 比起来，A……""与 B 相比，A……""比起 B，A……"等句式称为"比起句"。

物做比较或无明确的限定范围、泛言程度，又或者即使有参照物的情况下，语义焦点仍集中在主体事物本身程度上而非客观事实比较上的程度副词为主观程度副词。

即使有参照物的情况下，语义焦点仍集中在主体事物本身程度上而非客观事实比较上的现代汉语程度副词，在语法特征上常常表现为不能在谓词后加上"一点、一些"等不定数量词。具体如下：

（6）今天天气<u>有点</u>冷。

（6'）＊今天天气比昨天<u>有点</u>冷。

（6"）＊和昨天相比，今天天气<u>有点</u>冷些（一点）。

（7）比起小张，他<u>很</u>热情。

（7'）＊他比小张<u>很</u>热情。

（7"）＊相比小张，他<u>很</u>热情些（一点）。

（8）今天天气比昨天<u>稍微</u>冷些。

（8'）相比昨天，今天天气<u>稍微</u>冷些（一点）。

（9）他比小张<u>更</u>热情。

（9'）比起小张，他<u>更</u>热情些（一点）。

例（6）"今天天气<u>有点</u>冷"，由于不能使用比字句，例（6'）不成立。另外例（6）中的"有点"不用于与客观事物做比较，只是泛言程度，主观判断程度高低，不能在使用比起句时，在形容词"冷"后边加上"些"或"一点"等表示差距的词，因此例（6）不成立。据此"有点"是"主观程度副词"。

例（7）中的"很"也不能用于比字句，即例（7'）不成立。例（7"）中虽然有参照物"小张"，但语义焦点仍集中在主体事物"他"的程度上而非客观事实比较，也就是说我们不能在使用比起句时，在形容词"热情"后边加上"些"或"一点"等表示差距的词，即例（7"）不成立。据此"很"也属于"主观程度副词"。

至于例（8）、例（9）中的"稍微"和"更"可以用于比字句，以客观事物为参照物，有客观事实的比较；语义焦点放在主体事物与参照物的差距上，也就是说我们可以在使用比起句时，在形容词"冷""热情"的后边加上"些"或"一点"，即例（8'）、例（9'）成立。据此"稍微"和"更"不属于"主观程度副词"。

需要指出的是，程度副词"最"比较特殊。"最"既可以作相对程度副词，也可作绝对程度副词。[①] 无论是作相对程度副词还是绝对程度副词，"最"都不能用于比

---

① "最"属于极量级，表示程度最高、达到顶点。经笔者研究，"最"用作主观程度副词出现在近代，可标记为"最₂"。"最"最早是用作客观程度副词的，可标记为"最₁"。如无标记或是特别强调，本书中的"最"是指用作客观程度副词的"最₁"。

字句；也都不能在使用比起句时，在谓词后加上"一点、一些"等。那么"最"是否属于主观程度副词，看其是否有明确的限定范围和比较对象，是否是基于客观事实的比较。

另外，主观程度副词与绝对程度副词有很多相似之处，但由于古代汉语里很少明确将程度副词分为相对程度副词和绝对程度副词，且绝对程度副词从字面上不足以凸显其"主观性"，因此我们采用"主观程度副词"这一称谓。

此外，根据张赪（2005）所提，古代汉语里比字句产生于唐代。在此之前，程度副词一般不用于比字句。因此界定一个词是否是主观程度副词，在唐代以前我们主要参照"是否与客观事物做比较、是否有明确的限定范围，语义焦点是否集中在主体事物本身程度上而非客观事实比较上"这一标准。以上古、中古时期的"更类词"——"愈""滋""更加"等为例。"愈""滋""更加"表程度，语义上呈"更加"之义，属于"更加"类词。"更加"类词在语义上表程度的增加，可视为与客观事物作对比，有明确的比较范围，语义焦点集中在主体事物本身程度上。虽不用于比字句，但我们认为其不属于主观程度副词。

与"主观程度副词"相对应，我们把"可用于比字句；或者语义上表程度的加深；又或者与客观事物作比较、有明确的限定范围，语义焦点集中在客观事实比较上的程度副词"定义为"客观程度副词"。"客观程度副词"与"相对程度副词"相似。但为了与"主观程度副词"相对应，本书采用"客观程度副词"这一称谓。上文中的上古、中古时期的"更类词"便属于客观程度副词。

在现代汉语里，有的客观程度副词可以用于比字句，如"他比你更认真"中的"更"。根据《现代汉语虚词词典》第200页所示，"更"在这里是指加深的程度。此处的"更"有明确的比较对象，语义焦点集中在客观事实的比较上，且可用于比字句，因此"更"是客观程度副词。又依据《现代汉语虚词词典》第670页所示，"雨越下越大"一句中的"越"，表程度因某一情况或事件的推移而加深。此处的"越"有明确的比较对象，语义焦点集中在客观事实的比较上，因此"越"是客观程度副词。不过"越"不能用于比字句，即我们不能说"＊雨比先前越下越大"。由此可见，能用于比字句的程度副词，是客观程度副词；但不能用于比字句的程度副词，不一定是主观程度副词。

三、主观高量级程度副词和客观高量级程度副词的界定

蔺璜、郭姝慧（2003）指出，程度副词在量上有从低到高的层级序列。主观程度副词和客观程度副词亦是如此。

在古代汉语里，程度副词在量级上的划分，是从语义角度出发的，大致可分为以下几类，如表1-1所示。

结合第一章第三节中程度副词的分类和表1-1，前人对古代汉语里的程度副词未

进行主观（绝对）程度副词、客观（相对）程度副词的区分。在古代汉语里，表程度最高、至极的，即表达到极致，常被划分为"最"类词，如"最、极、至"等①。表过分、程度过甚的，在古代汉语里常被划分为"太"类词，如"太、过于"等。表程度高、很高的，在古代汉语里常被划分为"甚"类词（或"很"类词），如"甚、大、很"等。古代汉语将表程度变化的划分为"更"类词，如"愈、更加"等。在古代汉语里表程度轻微的被划分为"略"类词（"微"类词、"稍"类词），如"略、稍"等。

"太"类词表程度过分，是高量的体现。"更"类词表变化，往往是程度的加深，因此也属于高量。表程度轻微的"略"类词表低量，不属于本书的探讨范围。

表 1 - 1 古代汉语程度副词的划分（从语义及量的角度出发）

类别	柳士镇（1992）	徐朝华（1993）	杨伯峻 何乐士（2001）	葛佳才（2005）	赵长才（2006）
	极至	表程度高低深浅	程度高	至极	程度最高
	转甚		程度变化中	过分	程度过甚
			程度轻微	高	一般的程度很高
	轻微	表程度变化	程度合适	轻微	
			程度差不多	变化	在比较基础上的程度增高

现代汉语对程度副词的划分，往往是先将程度副词分为相对程度副词和绝对程度副词，然后再从量上进行划分。其中相对程度副词是基于客观事实的对比，可以用于比字句，不属于主观程度副词。绝对程度副词是泛言程度，无比较，往往具有更强的主观性。据此我们认为，针对现代汉语主观程度副词量上的分类，可以参考绝对程度副词在量上的划分。绝对程度副词从量上进行划分，大致可分为如下几类。具体如表1-2所示。

参照表1-2我们可以看到：对于现代汉语绝对程度副词的划分，大多学者认为，

---

① 本书对古代汉语里主观高量程度副词具体量级的确定，主要参照前人的研究以及相关字典、词典中的释义。如"最"类词中的"极"，《古代汉语词典》（第2版）第658页在"极"的第7个义项中将其解释为副词，表示最高程度。本书据此将古代汉语里的程度副词"极"界定为极量级。"太"类词中的"太"，《古代汉语虚词词典》第567页将其解释为副词，表示程度超出正常情况或某种标准。本书据此将古代汉语里的程度副词"太"界定为超量级。"甚"类词中的"甚"，在《王力古汉语字典》第736页的第2个义项中解释为副词，表很、非常之义。本书据此将古代汉语里的程度副词"甚"界定为高量级。

"极、极其"表程度达到顶点、极致，属于极量级。"太、过于"表超过常规程度，属于超量级（或者称之为过量级、太量级）。"很、挺"表程度高，属于高量级。"有点、有些"表程度低，不属于本书的研究范围。

表1-2　现代汉语绝对程度副词划分（从量的角度出发）[①]

		王力 (1985)	马真 (1988)	张桂宾 (1997)	韩容洙 (2000)	张谊生 (2000b)	蔺璜 (2003)	赵军 (2010)
类别		最高的夸饰 （极、非常、 十分）	程度深 （很、太、 极、异常、 挺）	极高级 （极、顶）	极量级 （极、极其）	极量级 （极、极其、 无比）	极量（太、 顶、极其、 过于、分外）	极量 （极其、至）
		过度的表示 （太、忒）		超高级 （太、过于、 万分）	高量级 （很、非常、 太）	太量级 （太、过于、 过分）	高量（很、 非常、十分、 相当）	更高量 （非常、特别、 相当）
		普通的夸饰 （很、怪、 不大）	程度浅 （有点儿、 有些）	次高级 （很、十分、 挺、相当、 多么）	中量级 （相当、不大）	高量级 （很、非常）	中量（不大、 不太、不很）	高量 （很、挺、 怪、老）
		不足的表示 （颇、稍、略）		较低级 （有点儿、 有些）	低量级 （有点儿）	低量级 （有点儿、 有些）	低量 （有点、有些）	中量 （较$_2$、还$_2$） 低量 （有点、有些）

其分歧主要体现在对"相当、万分、分外、非常"等词的归类上。赵军（2010）指出，"万分"往往用于褒义，不属于超过常规程度，因此不属于超量级。我们赞同这一观点。"非常、分外"并不表达到顶点、极致，只是表达程度很高，因此不属于极量级。赵文中提到，"非常、相当"等的程度高于"很"，因此应列为"更高量"。本书对此不再细分，而是将"很、非常、相当"等统一归类为高量级。

由于"客观程度副词"与"相对程度副词"相对应，因此针对现代汉语客观程度副词量上的划分，我们认为可参考相对程度副词的划分。参照马真（1988）、张桂

---

① 括号内为此类的代表词。韩容洙（2000）将程度副词分为单纯程度副词和比较程度副词。其中的"单纯程度副词"泛言程度、无比较，可对应为"绝对程度副词"。"比较程度副词"是基于客观事实的对比，有明确的比较对象或范围，可对应为"相对程度副词"。

宾（1997）、韩容洙（2000）、蔺璜（2003）所述，相对程度副词可分为最高量（如"最"）、高量（如"更"）、低量（如"略、稍微"）。低量则不属于我们的探讨范围。

据此我们可以看到：古代汉语里的表程度达到极致的"最"类词对应现代汉语里的极量级程度副词；古代汉语里的表程度过甚的"太"类词对应现代汉语里的超量级程度副词；古代汉语里表程度高的"甚"类词（"很"类词）、表程度加深的"更"类词对应现代汉语里的高量级程度副词。对于极量级、超量级和高量级程度副词，本书统称为高量程度副词。

参照古代汉语和现代汉语里对程度副词的量级划分，本书将汉语表高量的主观程度副词分为极量级（表示程度达到顶点、极致，如"极、极其"等）、超量级（表示程度过甚、超过常规程度，如"太、过于"等）、高量级（表示程度高，如"甚、很、非常"等）。表高量的客观程度副词分为极量级（表程度最高、达到顶点，如"最"等）、高量级（表程度的加深，如"更"等）。也就是说，在古代汉语里，主观高量级程度副词与表程度高的"甚"类词相对应，客观高量级程度副词与表程度加深的"更"类词相对应。现代汉语里的主观高量级程度副词是指表程度高的主观程度副词，客观高量级程度副词是指表程度加深的客观程度副词。

第二章　上古汉语主观与客观高量级程度副词的对比研究

我们采用较常见的、通行的划分方法，将汉语史分为上古时期、中古时期、近代和现代。上古时期是指商周—西汉时期；中古时期是指东汉—隋代；近代是指唐代—五四运动以前；现代是指五四运动至今。

第一节　上古汉语主观高量级程度副词研究

依照第一章第五节对主观高量级程度副词的界定，参照前人对表程度高的"甚"类词的划分以及相关古代汉语字典、词典对于这些词的释义，上古时期的主观高量级程度副词有：甚、孔、大、良、殊、何其、丕、盛、深、重、祁、一何、偏。具体阐释如下。

一、词义演变及语法功能

甚

《说文解字》中提到，"甚，尤安乐也"。段注："引伸凡殊、尤皆曰甚。"
"甚"较早作形容词，其含义为"严重、过分、厉害"。如：

（10）物皆然，心为<u>甚</u>，王请度之。——《孟子·梁惠王上》
（11）彼谮人者，亦已大<u>甚</u>。——《诗经·小雅·巷伯》

例（10）中的"甚"为"严重"之义。例（11）中的"甚"为"过分"之义。"甚"作"过分"之义，其后还可与形容词连用。如：

（12）且吾闻之，<u>甚</u>精必愚。——《国语·晋语一》

例（12）中的"甚"为"过分"之义，与形容词"精"连用。参照《古代汉语词典（第 2 版）》第 1311 页的释义，这里的"甚"解释为"过分"而不是"很、非常"。其原因我们将在下文进行阐析。

另外"甚"还可以理解为动词，作"超过，胜过"之义。如：

（13）防民之口，<u>甚</u>于防川。——《国语·周语上》

例（13）中的"甚"为"超过"之义。

根据杨荣祥（2001）所述，语义基础是副词形成的基础条件。"甚"的含义"过分""超过、胜过"含有［＋过分］［＋超过］的语义特征。"甚"以此语义特征作为语义基础，伴随后所带成分逐步抽象化，以及表义重心的后移，"甚"便引申为"很、非常"之义，表程度深，作程度副词使用。[①] 如：

（14）其道<u>甚</u>大，百物不废。——《周易·系辞下》
（15）是故<u>甚</u>爱必大费。——《老子·德经》（第四十四章）

例（14）、例（15）中的"甚"无客观对比对象和限定范围，独立地表程度，呈主观色彩，不用于比字句。"甚"表程度深，呈"很、非常"之义，是主观高量级程度副词。

关于"甚"在上古时期是否为程度副词，历来有两种观点。一种是以李杰群（1986）、杨荣祥（2005）等人为代表，认为"甚"在上古时期是形容词，六朝以后才作程度副词；另一种是以杨伯峻、何乐士（2001）、张家合（2017）等人为代表，认为"甚"在上古时期既可以是形容词，也可以是程度副词。我们赞同后面一种观点。理由如下：

根据前文关于程度副词的界定方法，以例（12）、例（14）、例（16）为例，例（12）句中的"甚精必愚"带有贬义，强调"过头"之义，因此"甚"应理解为形容词，作"过分"之义理解而不是作程度副词。例（14）中的"甚大"和例（16）中的"甚闲暇"在句中并不表贬义，因此"甚"在例（14）和例（16）中不宜理解为"过分"之义，而应该解释为"很、非常"。例（14）和例（16）中的"甚"的含义与"甚"作形容词时表"过分"之义相比，悬殊较大，所以不应该看作形容词，而应视为程度副词。

同时我们也可以看到，"甚"在上古时期是否是程度副词，学界存在分歧，这恰

---

① "甚"的语法化过程详见第二章第一节中的"语法化过程"部分。

恰是"甚"处于临界状态①的写照。临界状态为"甚"成为程度副词奠定了重要的基础。根据杨荣祥（2001）所提，语用因素是副词形成的外部条件。在语用因素的外部推力作用下，"临界状态"为实词虚化提供了契机和可能。

在语法功能上，主观高量级程度副词"甚"可以作状语，修饰单音节性质形容词，如例（14）中的"甚"修饰"大"；也可以修饰双音节性质形容词，如例（16）中的"甚"修饰"闲暇"；还可以修饰形容词短语，如例（17）中的"甚"修饰"聪明和协"。

（16）止于坐隅，貌甚闲暇。——《史记·屈原贾生列传》

（17）又甚聪明和协，盖其先王。——《国语·郑语》

在作状语修饰动词上，"甚"可以修饰单音节心理动词，如例（15）中的"甚"修饰"爱"；也可以修饰单音节含性状义动词，如例（18）中的"甚"修饰"败"；还可以修饰能愿动词短语，如例（19）中的"甚"修饰"可羞"；也可以修饰"有+名"短语，如例（20）中的"甚"修饰"有所宥"。

（18）卫侯不去其旗，是以甚败。——《左传·卫懿公好鹤》

（19）其行乃甚可羞也。——《庄子·盗跖》

（20）亡国之主，其皆甚有所宥邪？——《吕氏春秋·去宥》

另外主观高量级程度副词"甚"还可以与同为主观高量级程度副词的"大"连用②，修饰单音节心理动词，如：

（21）彼其所至者，甚大动也。——《荀子·礼论》

例（21）中的程度副词"甚"和"大"连用，更强调程度深，修饰"动"。

孔

《说文解字》："孔，通也。""孔"的本义是"通"。《说文通训定声》："孔，假借为空，……又为甚。"毛传："孔，甚也"。《古代汉语虚词词典》将虚词"孔"认

---

① "临界状态"是指通过不同的角度可以对同一种语言现象做不同的解释。"临界"状态对语言词汇、语法的演变起着关键作用，具体可参见杨振华（2019）。

② 本书中古代汉语的连用现象主要参考《古代汉语虚词词典》《近代汉语虚词词典》以及张家合《汉语程度副词历史演变的多角度研究》中的论述。连用在古代汉语里的使用频率大都不高。

定为"甚"的通假字。因此"孔"通"甚"，也属于主观高量级程度副词。"孔"用作主观高量级程度副词，多见于《诗经》《尚书》。

在语法功能上，"孔"可以作状语，修饰单音节性质形容词，如例（22）中的"孔"修饰"彰"；也可以作状语，修饰单音节心理动词，如例（23）中的"孔"修饰"怀"。

（22）圣谟洋洋，嘉言孔彰。——《尚书·伊训》
（23）死丧之威，兄弟孔怀。——《诗经·小雅·常棣》

大

《说文解字》中提到，"大，天大，地大，人亦大，故象人形"。"大"的本义是"大的"，与"小"相对。如：

（24）酌以大斗，以祈黄耇。——《诗经·大雅·行苇》

例（24）中的"大"作形容词，是"大的"的意思，修饰名词"斗"。
"大"可以引申为动词，表"大于、超过"之义。如：

（25）弊邑之王所说甚者，无大大王。——《战国策·秦策二》

例（25）中的"大"作动词，表"超过"之义。其宾语为名词"大王"。
"大"还可以引申为动词，表"以……为大"的意思。如：

（26）大天而思之，孰与物畜而制之？——《荀子·天论》

例（26）中的"大"是指"以（天）为大"，作动词。其宾语为名词"天"。
"大"本义"大"、引申义"大于、超过"含有［＋大］［＋超过］的语义特征。伴随着"大"后所带成分逐步抽象化以及表义重心后移，"大"便引申为"程度深"，作程度副词使用。如：

（27）大巧若拙。——《老子》（第四十五章）
（28）元君大惊，立赐金帛。——《列子·说符》

例（27）、例（28）中的"大"后所带的词语"巧"和"惊"，相较于例（25）、例（26）中的"大王""天"而言较为抽象化，因此例（27）、例（28）中的"大"

虚化为"程度深"之义。

例（27）、例（28）中的"大"无客观对比对象和限定范围，独立地表程度，呈主观色彩，不用于比字句。"大"表程度深，是主观高量级程度副词。

在语法功能上，"大"可以作状语，修饰单音节性质形容词，如例（27）中的"大"修饰"巧"；也可以作状语修饰单音节心理动词，如例（28）中的"大"修饰"惊"。

另外"大"也可以作状语修饰单音节表性状义动词，如例（29）中的"大"修饰"饥"，例（30）中的"大"修饰"败"。

（29）齐<u>大</u>饥。——《礼记·檀弓下》

（30）秦取楚汉中，再战于蓝田，<u>大</u>败楚军。——《战国策·秦策四》

"大"还可以修饰动词短语"有（无）＋名"结构，如例（31）中的"大"修饰"无信"。

（31）<u>大</u>无信也，不知命也。——《诗经·鄘风·蝃蝀》

良

"良"的本义是形容词，其含义为"好"。如：

（32）故<u>良</u>农不为水旱不耕，<u>良</u>贾不为折阅不市。——《荀子·修身》

例（32）中的两个"良"均为形容词，都表示"好"的意思。它们分别修饰名词"农"和"贾"。

"良"也可以作名词，表"贤良""合乎理想的人或事"的意思。如：

（33）郑有叔詹、堵叔、师叔三<u>良</u>为政，未可间也。——《左传·僖公七年》

例（33）中的"良"是名词，指"贤良"或"合乎理想的人"。

"良"还可以引申为"和悦、和睦"之义。如：

（34）夫子温<u>良</u>恭俭让以得之。——《论语·学而》

例（34）中的"良"是形容词，表"和悦"之义。

"良"以含有［＋好］的语义特征作为语义基础。当"良"后所带成分抽象化以及表义重心后移，"良"引申为程度副词，表程度高。如：

（35）孝公既见卫鞅，语事良久。——《史记·商君列传》
（36）子常曰："是瓦之罪，敢不良图！"——《左传·昭公二十七年》

例（35）、例（36）中的"良"无客观对比对象和限定范围，独立地表程度，呈主观色彩，不用于比字句。"良"表程度高，作"很"之义，是主观高量级程度副词。

在语法功能上，"良"可以作状语修饰单音节性质形容词，如例（35）中的"良"修饰"久"；也可以作状语修饰单音节心理动词，如例（36）中的"良"修饰"图"。

殊
《说文解字》有云："殊，死也。""殊"的本义是"死"。如：

（37）今世殊死者相枕也。——《庄子·在宥》

例（37）中的"殊"表"死"之义。
段注："死罪者首身分离，故曰殊死。引伸为殊异。断与死本无二义。……凡言殊异、殊绝，皆引伸之义。"
因此"殊"由"死"的本义引申为"断绝"之义。如：

（38）武城人塞其前，断其后之木弗殊。——《左传·昭公二十三年》

例（38）中的"殊"表"断绝"之义，又可以引申为"异、不同"。如：

（39）天下同归而殊途。——《周易·系辞下》

例（39）中的"殊"表"异、不同"之义，作形容词修饰名词"途"。
"殊"由形容词"异、不同"之义还可以引申为动词，表"区分"之义。如：

（40）法家不别亲疏，不殊贵贱，一断于法。——《史记·太史公自序》

例（40）中的"殊"作动词，表"区分"之义，后带宾语"贵贱"。
"殊"由"异、不同"之义还可以引申出"特殊、出众"之义。如：

（41）傲诡殊瑰，耳所未尝闻，目所未尝见。——《吕氏春秋·侈乐》

例（41）中"殊"作形容词，表"特殊、出众"之义，与表"瑰丽"之义的"瑰"连用。

"殊"的引申义"异、不同""特殊、出众"含有［＋特异］的语义特征。由于"特异"是指超过、超出一般，因此"殊"还隐含有［＋超过/出］的语义特征。[①] 伴随"殊"后成分逐步抽象化以及表义重心的后移，"殊"便引申为程度副词，表程度高。如：

（42）廉君宣恶言而君畏匿之，恐惧殊甚。——《史记·廉颇蔺相如列传》
（43）老臣今者殊不欲食。——《战国策·赵策四》

例（42）、例（43）中的"殊"无客观对比对象和限定范围，独立地表程度，呈主观色彩，不用于比字句。"殊"表程度高，呈"很、特别"之义，是主观高量级程度副词。

在语法功能上，"殊"可以作状语修饰单音节性质形容词，如例（42）中的"殊"修饰"甚"；也可以作状语修饰单音节心理动词，如例（43）中的"殊"修饰"欲"。这类用法多用于否定句。另外"殊"还可以作状语修饰动词短语"有（无）＋名"结构，如例（44）中的"殊"修饰动词短语"无意"。

（44）丞相特前戏许灌夫，殊无意往。——《史记·魏其武安侯列传》

除此以外，主观高量级程度副词"殊"还可以与同为主观高量级程度副词的"大"连用，作状语修饰单音节心理动词。如：

（45）良殊大惊，随目之。——《史记·留侯世家》

例（45）中"殊"与"大"连用，进一步强调程度高，修饰"惊"。

何其

"何其"由"何"和"其"组成。

《说文解字》提到，"何，儋也"。"何"的本义是担负，后假借为"谁何"之"何"，作疑问代词，表"什么"之义。如：

---

① 下文中含有［＋特异］语义特征的词，本书也默认其隐含有［＋超过/出］的语义特征。

（46）内省不疚，夫何忧何惧？——《论语·颜渊》

"何"也可以作疑问代词，表"怎么、怎么样"之义。如：

（47）徐公何能及君也。——《战国策·齐策一》

《说文解字》提到，"箕，所以簸者也。……其，籀文箕"。《说文通训定声》载："其，假借为助语之词，……又发声之词"。"其"作为虚词与本义无关，最初用作人称代词。如：

（48）桃之夭夭，灼灼其华。——《诗经·周南·桃夭》

"其"也可以用作指示代词，表"那个、那些"之义。如：

（49）今欲举大事，将非其人不可。——《史记·项羽本纪》

"其"也可以作副词表强调。如：

（50）一之谓甚，其可再乎？——《左传·僖公五年》

"何"与"其"连用，可表"怎么那样""为什么"之义。如：

（51）何其处也？必有与也。——《诗经·邶风·旄丘》

"何其"通过"其"的强调，随着使用频率的增加，固定为一个词，用作程度副词，语气上表强调，表程度高。如：

（52）先生之衣何其恶也！——《吕氏春秋·顺说》

例（52）中的"何其"无客观对比对象和限定范围，独立地表程度，呈主观色彩，不用于比字句。"何其"表程度高，呈"多么"之义，是主观高量级程度副词。

在语法功能上，"何其"可以作状语修饰单音节性质形容词，如例（52）中的"何其"修饰"恶"。

丕

《说文解字》中有云："丕，大也。""丕"的本义是"大"。如：

（53）嘉乃<u>丕</u>绩。——《尚书·大禹谟》

例（53）中的"丕"作形容词，表"大"之义，修饰名词"绩"。

由于"丕"的本义中含有［＋大］的语义特征，其后所带成分抽象化，且伴随表义重心的后移，"丕"便虚化为程度副词，表程度高。如：

（54）<u>丕</u>显哉，文王谟！——《孟子·滕文公下》

例（54）中的"丕"无客观对比对象和限定范围，独立地表程度，呈主观色彩，不用于比字句。"丕"表程度高，呈"很"之义，是主观高量级程度副词。

在语法功能上，"丕"可以作状语修饰单音节性质形容词，如例（54）中的"丕"修饰"显"。

盛

《说文解字》有云："盛，黍稷在器中以祀者也。"因此"盛"较早的含义是"把东西放到器皿中。"如：

（55）于以<u>盛</u>之，维筐及筥。——《诗经·召南·采蘋》

例（55）中的"盛"作动词，其宾语为"之"。

"盛"由"把东西放到器皿中"可引申出"丰盛"之义。如：

（56）有<u>盛</u>馔，必变色而作。——《论语·乡党》

例（56）中的"盛"作形容词，修饰名词"馔"。

"盛"又由此引申出"美盛，盛大"之义。如：

（57）节有度，守有序，<u>盛</u>德之所同也。——《左传·襄公二十九年》

例（57）中的"盛"作形容词，修饰抽象名词"德"。

由于"盛"的引申义"丰盛""盛大"都含有［＋大］的语义特征。当其后所带成分抽象化，且伴随表义重心的后移，"盛"便虚化为程度副词，表程度高。如：

（58）上下和合，世俗<u>盛</u>美。——《史记·循吏列传》
（59）使君<u>盛</u>怒。——《国语·鲁语上》

例（58）、例（59）中的"盛"无客观对比对象和限定范围，独立地表程度，呈主观色彩，不用于比字句。"盛"表程度高，呈"很、非常"之义，是主观高量级程度副词。

在语法功能上，"盛"可以作状语修饰单音节性质形容词，如例（58）中的"盛"修饰"美"；也可以作状语修饰单音节心理动词，如例（59）中的"盛"修饰"怒"。

深

《说文解字》有云："深，水出桂阳南平，西入营道。"段注："按此无深浅一训者。"《说文通训定声》有云："其实不浅当为深之本训。""深"的本义为"水深，与'浅'相对"。如：

（60）就其<u>深</u>矣，方之舟之。——《诗经·邶风·谷风》

例（60）中的"深"是指水深。
"深"由本义可引申为"从上到下或从里到外的距离大。"如：

（61）高岸为谷，<u>深</u>谷为陵。——《诗经·小雅·十月之交》

例（61）的"深"是指从上到下的距离大。"深"作形容词修饰名词"谷"。
"深"由此还可以引申出"深奥、深刻"之义。如：

（62）探赜索隐，钩<u>深</u>致远。——《周易·系辞上》

例（62）中的"深"为"深奥、深刻"之义。
由于"深"的本义"水深"、引申义"从上到下或从里到外的距离大"等都含有［＋大］的语义特征。当其后所带成分抽象化，且伴随表义重心的后移，"深"便虚化为程度副词，表程度高。如：

（63）面<u>深</u>墨，即位而哭。——《孟子·滕文公上》
（64）必周君而<u>深</u>怨我矣。——《战国策·韩策二》

例（63）、例（64）中的"深"无客观对比对象和限定范围，独立地表程度，呈主观色彩，不用于比字句。"深"表程度高，呈"很、非常"之义，是主观高量级程度副词。

在语法功能上，"深"可以作状语修饰单音节性质形容词，如例（63）中的"深"修饰"墨"。"墨"在此指脸色黑、暗，作形容词，形容哀痛的样子。"深"也可以作状语修饰单音节心理动词，如例（64）中的"深"修饰"怨"。

重

《说文解字》中提到，"重，厚也"。"重"的本义是分量大，与"轻"相对。如：

（65）楚子问鼎之大小轻<u>重</u>焉。——《左传·宣公三年》

例（65）中的"重"是指重量大。

"重"由本义可引申出"庄重""重要、贵重"等义。如：

（66）君子不<u>重</u>则不威。——《论语·学而》
（67）位尊而无功，奉厚而无劳，而挟<u>重</u>器多也。——《战国策·赵策四》

例（66）中的"重"是庄重之义。例（67）中的"重"是重要、贵重之义，修饰名词"器"。

"重"的本义"分量大"含有［＋大］的语义特征。当其后所带成分抽象化，且伴随表义重心的后移，"重"便虚化为程度副词，表程度高。如：

（68）有此一者，则<u>重</u>难治也。——《史记·扁鹊仓公列传》

例（68）中的"重"无客观对比对象和限定范围，独立地表程度，呈主观色彩，不用于比字句。"重"表程度高，呈"很、非常"之义，是主观高量级程度副词。

在语法功能上，"重"可以作状语修饰单音节性质形容词，如例（68）中的"重"修饰"难"。另外"重"也可以作状语修饰动词短语"有＋名"结构，如例（69）中的"重"修饰"有忧者"。

（69）子之哭也，一似<u>重</u>有忧者。——《礼记·檀弓下》

祁

《小尔雅·广诂》和《广韵·支韵》都提到，"祁，大也。""祁"的本义是"大"。如：

（70）瞻彼中原，其<u>祁</u>孔有。——《诗经·小雅·吉日》

例（70）中的"祁"表"大"之义。

"祁"的本义含有［＋大］的语义特征。当其后所带成分抽象化，且伴随表义重心的后移，"祁"便虚化为程度副词，表程度高。如：

（71）资冬<u>祁</u>寒，小民亦惟曰怨。——《礼记·缁衣》

例（71）中的"祁"无客观对比对象和限定范围，独立地表程度，呈主观色彩，不用于比字句。"祁"表程度高，呈"很、非常"之义，是主观高量级程度副词。

在语法功能上，"祁"可以作状语修饰单音节性质形容词，如例（71）中的"祁"修饰"寒"。

一何

《说文解字》有云："一，惟初大极，道立于一，造分天地，化为万物。"段注："《汉书》曰：'元元本本，数一之形。'""一"的本义是基数"一"。如：

（72）其数<u>一</u>二三四是也。——《庄子·天下》

"一"引申为副词，表"都、全部"之义。如：

（73）无贵贱<u>一</u>与文等。——《史记·孟尝君列传》

副词"一"与疑问代词"何"连用，语气上表强调，可表程度高，义为"多么"。如：

（74）此<u>一何</u>庆吊相随之速也！——《战国策·燕策一》

例（74）中的"一何"无客观对比对象和限定范围，独立地表程度，呈主观色彩，不用于比字句。"一何"表程度高，呈"多么"之义，是主观高量级程度副词。

在语法功能上，"一何"可以作状语修饰单音节性质形容词语，如例（74）中的"一何"修饰"速"；也可作状语修饰单音节心理动词，如例（75）中的"一何"修饰"悲"。

（75）今日之琴，<u>一何</u>悲也？——《说苑·尊贤》

偏

《说文解字》有云："偏，颇也。"段注："颇，头偏也。""偏"较早的含义是"不正"。如：

(76) 无偏无颇，遵王之义。——《尚书·鸿范》

例（76）中的"偏"是指"不正"。

根据《古代汉语词典》（第 2 版）第 1087 页的释义，"偏"可以组成词组"偏裻"，如《国语·晋语一》中的"是故使申生伐东山，衣之偏裻之衣，佩之以金玦。""裻"是指衣背缝，"偏裻"是指以衣背缝为界，两边颜色各异。因此"偏裻"可视为"偏"修饰名词"裻"。

"偏"以〔－正〕的语义特征作为语义基础，当其后所带成分抽象化，伴随表义重心后移，"偏"便虚化为程度副词。如：

(77) 老聃之役，有庚桑楚者，偏得老聃之道。——《庄子·庚桑楚》

例（77）中的"偏"无客观对比对象和限定范围，独立地表程度，呈主观色彩，不用于比字句。"偏"表程度高，呈"很、非常"之义，是主观高量级程度副词。

在语法功能上，"偏"可以作状语修饰含性状义动词短语，如例（77）中的"偏"修饰"得老聃之道"。

在此需要指出的是，《古代汉语词典》（第 2 版）第 1087 页将例（77）中的"偏"解释为"最"；《古代汉语虚词词典》则将其解释为"很、特别"。我们认为这两种释义均可。不过结合程度副词"偏"在中古、近代的用法，以及与"偏"相似的"颇"在中古、近代作程度副词的用法，我们认为将此处的"偏"解释为"很、非常"，作主观高量级程度副词更适宜。

二、分析与讨论

1. 使用频率

参照张家合（2017：29－30）的统计，即通过表 2－1，我们可以看到，在上古时期的大量语料中，使用频率最高的汉语主观高量级程度副词是"甚（孔）"，其次是"大"。"深""重""祁""偏"等词的使用频率不高。在相关的字典、词典中都将这些词列为程度副词，且它们中的大部分在中古时期仍作为程度副词使用。据此本书在此仍将其列入研究范围。

表2-1　上古汉语主观高量级程度副词的使用频率①

	甚（孔）	大	良	殊	何其	丕	盛
数量	646	571	22	21	18	14	10
占比（%）	49.13	43.42	1.67	1.6	1.37	1.06	0.76
	深	一何	祁	重	偏	合计	
数量	7	2	2	1	1	1315	
占比（%）	0.53	0.15	0.15	0.08	0.08	100	

2. 语义基础和语义特征

解惠全（1987）提到，要了解一个虚词的来源，需要从其来自的实词的本义和引申义上去考察。杨荣祥（2001）也指出，语义基础是副词形成的基础。语义基础是由词的本义、引申义含有的语义特征决定的。因此要了解上古汉语主观高量级程度副词的词义演变过程，我们需要从其本义和引申义的语义特征上去考察其语义基础。

通过上文分析并结合表2-2，我们可以看到，上古时期，汉语主观高量级程度副词，除了"何其""一何"是由有疑问代词"何"组成的词组转化而来，剩下的基本由形容词转化而来。其包含的语义特征主要有：[＋大][＋好][＋过分][＋特异][＋超过/出][＋怎么][－正]等。"何其"和"一何"是由含有[＋怎么]的语义特征的词组转化而来。这些语义特征是这些词发生语法化的语义基础。其中含有[＋大]的语义特征的程度副词多达6个，占比最高，达42.9%。也就是说在上古时期，汉语主观高量级程度副词中近一半是由含有[＋大]的语义特征的实词转化而来。

表2-2　上古汉语主观高量级程度副词的语义特征

	＋大	＋好	＋过分	＋超过/出	＋特异	＋怎么	＋不正
甚（孔）			√	√			
大	√			√			

① 张家合（2017：29-30）的统计中，"甚"与"孔"是单列出来的，但由于"孔"为"甚"的通假字，因此本书将"孔"统计在"甚"下。另外针对连用现象，张家合（2017：29-30）的统计也是单列出来的，本书则统一记在第一个高量级程度副词下。如"甚"与"大"的连用，记在"甚"下；"殊"与"大"的连用，记在"殊"下。由于连用现象较少，使用频率高的与使用频率低的相差较大，因此此统计不影响本书结论。下文同此。

31

（续上表）

	+大	+好	+过分	+超过/出	+特异	+怎么	+不正
良		√					
殊				√	√		
何其						√	
丕	√						
盛	√						
深	√						
重	√						
祁	√						
一何						√	
偏							√
总计（个）	6	1	1	3	1	2	1

"何其""一何"含有［+怎么］的语义特征，是从语气上进行凸显的。根据武振玉（2004c）所提，汉民族崇尚中庸，凡事都希望不过分、不过度，讲求"中、正"，因此"不正"便成了凸显。由此［+大］［+好］［+过分］［+特异］［+超过/出］［-正］等可视为直接含有凸显性质的语义特征。通过凸显，这些语义特征经隐喻机制①表主观高量。

结合表2-1，使用频率最高的"甚（孔）"，其语义特征为［+过分］，与使用频率最高的上古汉语主观超量级程度副词"泰（太、大）"所含的语义特征②一致。由此可见，含有［+过分］的语义特征的实词易转化为主观高量程度副词，比如超量级和高量级程度副词。另外，在上古汉语主观高量级程度副词中，使用频率最高的"甚（孔）"和"大"还可用作动词，其语义特征均为［+超过］。

3. 语法化过程

上古汉语主观高量级程度副词除"何其""一何"是由疑问代词转化而来以外，其他大多由形容词转化而来。这些形容词含有［+大］［+好］［+过分］［+特异］［+超过/出］［-正］等语义特征作为其语法化的语义基础。当这些形容词的后带成分抽象化，并伴随表义重心的后移，这些形容词便虚化为程度副词。由此可见，后带

---

① 隐喻是由一个认知域映射到另一个认知域，具体参见沈家煊（2004）语法隐喻和隐喻语法，第13次现代汉语语法学术讨论会，广西桂林。

② 详见第五章。

成分的抽象化是上古汉语主观高量级程度副词导致的诱因，并促成了程度副词语法化的实现。由于抽象化是由人的主观意识主导而发生的，因此抽象化是主观化的一种途径。抽象化使得主观性得以具备，所以，抽象化诱使程度副词完成了语法化的过程。即主观化诱使了语法化，这与英语中实词的语法化过程略有不同。在此以英语中的"while"为例。

（78）She worked in a bank for a while before stuying law.

（79）I will be back in a little while.

（80）He fell asleep while doing his homework.

（81）He listens to the radio while driving to work.

（82）I drink black coffee while he prefers it with cream.

（83）While I admit that there are problems, I don't agree that they cannot be solved. ①

"while"本用作名词，表示"一段时间"，往往用于"for a while""in a while"等结构中，如例（78）、例（79）。当"while"放于句首或小句前，也就是其句法位置发生变化后，"while"可虚化为时间连词，表示"当……的时候，或者"与此同时"的意思，如例（80）、例（81）。另外"while"还可以进一步虚化，转变成转折连词，表"而"或"虽然"的意思，如例（82）、例（83）。由此可见，句法位置的变化是"while"由实词虚化为连词的关键因素。在变化过程中，"while"也由语义"一段时间"转变成"当……的时候"、与此同时"，再转变为"而""虽然"，其主观性一步步加强。也正因此，曾容（2018）指出，语法化是主观化的基础。

在上古汉语主观高量级程度副词中，例（11）中的"亦已大甚"中的"甚"作形容词，置于"大"之后。例（14）、例（15）中的"甚大"和"甚爱"中的"甚"置于形容词"大"和心理动词"爱"之前，用作程度副词。据此，王秀玲（2007）、张家合（2017）等都认为，与英语相似，句法位置的改变是汉语程度副词虚化的重要因素。

然而纵观上古汉语主观高量级程度副词，我们可以看到：由表实词义的例（24）中的"大斗"、例（25）中的"无大大王"、例（26）中的"大天"再到虚化为程度副词的例（27）中的"大巧"、例（28）中的"大惊"，"大"的句法位置并未发生改变，但形容词"巧"、心理动词"惊"比名词"斗""大王""天"抽象，即更具有抽象性、主观性。例（32）中的"良"用作形容词，修饰名词"农"和"贾"；例

---

① 例（78）至例（83）的例句均出自《牛津高阶英汉双解词典》（第四版增补本），北京：商务印书馆，2002。

（35）中的"良"作程度副词修饰更具有抽象性、主观性的形容词"久"；"良"由实词虚化为程度副词，句法位置并未发生改变。例（39）中的"殊"作形容词，修饰名词"途"；例（42）中的"殊"作程度副词，修饰更具有抽象性、主观性的形容词"甚"；"殊"由实词虚化为程度副词，句法位置并未发生改变。例（53）中的"丕"作形容词修饰名词"绩"；例（54）中的"丕"作程度副词修饰更具有抽象性、主观性的形容词"显"；"丕"由实词虚化为程度副词，句法位置并未发生改变。在例（12）中，"甚"置于性质形容词"精"之前，句法位置发生改变，但"甚"尚未虚化为程度副词，仍然作形容词，表"过分"之义。由此可见，上古汉语主观高量级程度副词完成由实到虚的语法化进程，句法位置是否改变不是关键因素，其关键因素是后带成分是否抽象化、主观化。在隐喻机制的作用下，又加上语用因素在临界状态中的推力作用，实词"甚"便虚化为程度副词。因此对上古汉语主观高量级程度副词而言，主观化既是语法化的关键因素，也是语法化的基础。这区别于英语实词演变过程中的"语法化是主观化的基础"。

4. 组合搭配功能

沈家煊（1995）指出，性质形容词是无界的。根据石毓智（1991）和赵军（2006）所述，性质形容词具有量性特征，含有量幅，即非定量。张谊生（2014）指出，程度副词属于限制性副词。因此，程度副词可以修饰性质形容词，即对其在量上进行限制。根据沈家煊（1995）和张谊生（2004）所述，心理动词是无界的，具有性状义，动作义不强，因此能够被程度副词修饰。主观高量级程度副词亦是如此。

表2-3　上古汉语主观高量级程度副词的组合搭配功能

	形容词	动词及动词短语			
	性质形容词	心理动词	能愿动词短语	"有+名"短语	其他含性状义的动词或短语
甚（孔）	√	√	√	√	√
大	√	√			√
良	√	√			
殊	√	√		√	
何其	√				
丕	√				
盛	√	√			

（续上表）

	形容词	动词及动词短语			
	性质形容词	心理动词	能愿动词短语	"有+名"短语	其他含性状义的动词或短语
深	√	√			
重	√			√	
祁	√				
一何	√	√			
偏					√

　　根据表2－3所示，上古时期汉语主观高量级程度副词，大多都可以修饰单音节性质形容词和心理动词。根据上文，这是由性质形容词和心理动词都属于无界，具有量性特征决定的。结合表2－1，主观高量级程度副词的使用频率越高，组合搭配功能就越强。例如"甚（孔）"，除可修饰性质形容词和心理动词外，还可修饰能愿动词短语、"有+名"结构以及其他含性状义的动词或短语。依照赵军（2006）所述，"有+名"结构具有判断义，其动作性不强，类似于性质形容词，具有静态的性状义，所以能够被程度副词修饰，因此这类主观高量级程度副词也可以修饰"有+名"结构。能愿动词短语与含性状义的动词或短语亦是如此，即其自身含有的性状义使其能够被程度副词（包括主观高量级程度副词）修饰。

　　另外，根据上文研究，我们还可以看到，上古汉语主观高量级程度副词的组合搭配对象——性质形容词、心理动词、能愿动词短语、"有+名"动词短语、含性状义的动词或短语、抽象名词、具有语义偏移特征的名词，它们相对于普通名词和动作义较强的动词而言，更具有抽象性，即主观性更强。这与程度副词的主观性相对应，是语义的双向选择。

　　同时我们还可以看到，上古时期，"甚"和"殊"作为主观高量级程度副词，还可以与同为主观高量级程度副词的"大"连用，修饰单音节心理动词，如例（21）和例（45）。这也说明了主观高量级程度副词的语义容易磨损。因此为了加强程度表达，这些主观高量级程度副词需要连用才能表达其强烈的主观心理感受，但其连用现象并不多见。

三、小结

　　上古汉语主观高量级程度副词中，使用频率最高的是"甚（孔）"，其次是"大"。这些词的语义基础包含的语义特征主要有：［＋大］［＋好］［＋过分］［＋特异］［＋超过/出］［＋怎么］［－正］等。这些语义特征都具有凸显性质。其中含有［＋大］的语义特征的主观高量级程度副词多达 6 个，占比最高，达 42.9%。使用频率最高的"甚（孔）"，其语义特征为［＋过分］，与使用频率最高的上古主观超量级程度副词"泰（太、大）"所含的语义特征一致。由此可见含有［＋过分］的语义特征的实词易转化为主观高量级程度副词。上古汉语主观高量级程度副词除了"何其""一何"是由疑问代词转化而来，其他大多由形容词转化而来。当这些形容词的后带成分抽象化，并伴随表义重心的后移，这些形容词便虚化为程度副词。综观上古汉语主观高量级程度副词的演变过程，其完成由实到虚的语法化进程，关键因素是后带成分的抽象化。抽象化是主观化的一种途径。因此对于上古汉语主观高量级程度副词而言，主观化是语法化的关键因素，即主观化是语法化的基础。这有异于英语实词演变过程中的"语法化是主观化的基础"。上古时期的主观高量级程度副词，使用频率越高，组合搭配功能越强。上古汉语主观高量级程度副词的组合搭配对象包括有性质形容词、心理动词、能愿动词、"有＋名"结构、其他含性状义的动词或短语。相对于普通名词和动作义较强的动词而言，这些搭配对象更具有抽象性，即主观性更强。这与程度副词的主观性相对应，是语义的双向选择。上古时期，"甚"和"殊"作为主观高量级程度副词，还可以与同为主观高量级程度副词的"大"连用，修饰单音节心理动词。这表明主观高量级程度副词的语义容易磨损。

第二节　上古汉语客观高量级程度副词研究

依照第一章第五节对客观高量级程度副词的界定，参照前人对表程度加深的"更"类词的划分以及相关古代汉语字、词典对于这些词的释义，上古时期的客观高量级程度副词有：愈、弥、益、滋、加、尤、兄、更。具体阐释如下。

一、词义演变与语法功能

愈

根据《古代汉语词典》（第 2 版）第 1838 页和《王力古汉语字典》第 325 页的释义，"愈"的第一个义项是"更加"。如：

（84）此数者愈善，而离楚愈远耳。——《战国策·魏策四》

（85）国人愈惧。——《左传·昭公六年》

（86）秦愈不敢出，则是我离秦而攻楚也，兵必有功。——《战国策·秦策四》

（87）劳苦顿萃，而<u>愈</u>无功。——《荀子·富国》

《说文解字》中无"愈"字。根据前文对客观高量级程度副词的界定，"愈"在语义上表程度的加深，是客观高量级程度副词。在语法功能上，"愈"可作状语修饰单音节性质形容词，如例（84）中的"愈"修饰"善"和"远"；也可作状语修饰单音节心理动词，如例（85）中的"愈"修饰"惧"；还可作状语修饰能愿动词短语，如例（86）中的"愈"修饰"不敢出"；亦可作状语修饰"有+名"结构，如例（87）中的"愈"修饰"无功"。

"愈"作客观高量级程度副词，表"更加"之义，还可写作"逾""俞""瘉"。如：

（88）然国<u>逾</u>危，身<u>逾</u>辱。——《墨子·所染》
（89）辞<u>俞</u>卑，礼<u>俞</u>尊。——《国语·越语下》
（90）孙叔敖曰："吾三相楚而心<u>瘉</u>卑，每益禄而施<u>瘉</u>博，位滋尊而礼<u>瘉</u>恭。"——《荀子·尧问》

例（88）中的"逾"作状语修饰单音节性质形容词"危"和"辱"。例（89）中的"俞"作状语修饰单音节性质形容词"卑"和"尊"。例（90）中的"瘉"作状语修饰单音节性质形容词"卑""博""恭"。

根据《说文解字》的解释，"逾，越进也"。"逾"的本义是越过。如：

（91）师<u>逾</u>孟津。——《尚书·武成》

例（91）中的"逾"是指"越过"，作动词。其宾语是表地点的名词"孟津"。"愈"由此可引申为"超过"。如：

（92）不巧者虽不能中，放依以从事，犹<u>逾</u>己。——《墨子·法仪》

例（92）中的"逾"作动词，表"超过"之义。其宾语是"己"。

由此可见，"逾"含有［+超过/出］的语义特征。与上古汉语主观高量级程度副词相似，"逾"以［+超过/出］的语义特征作为语义基础，伴随后带成分的抽象化及语义重心的后移，虚化为程度副词，如例（88）。其后带成分为性质形容词"危""辱"，相较于例（91）的"孟津"和例（92）的"己"而言，具有明显的抽象性和主观性。受此影响，"逾"主观化、语法化为程度副词，表"更加"之义，是客观高量级程度副词。

根据《说文解字》的解释，"俞"的本义是"空中木为舟也"，即刳木以为舟。虚词与本义无关，"俞"是"逾"的假借字。根据《古代汉语虚词词典》的阐释，"俞"作程度副词，多见于先秦两汉，后世多写作"愈"。

依照《说文解字》的解释，"瘉，病瘳也"。根据《古代汉语词典》（第2版）第1838页的释义，"瘉"可引申为"高明、胜过"之义。如：

（93）东方之士孰为瘉？——《国语·晋语九》

"瘉"又由此引申为程度副词，表"更加"之义，如例（90）。根据《王力古汉语字典》第760页的解释，"瘉"后世则多用"愈"。

据此，我们把客观高量级程度副词"愈""逾""俞""瘉"统一归类在"愈"下。"愈"实词虚化的过程是以含有［＋超过/出］的语义特征作为语义基础，伴随后带成分的抽象化和语义重心的后移，虚化为程度副词。"愈"表程度的加深，作客观高量级程度副词。

弥

根据《字汇·弓部》所述，弥，"弓张满也"。"弥"的最初义是"满、遍"。如：

（94）离宫别馆，弥山跨谷。——《史记·司马相如列传》

"弥"在例（94）中作动词，宾语是名词"山"。

根据《尔雅·释言》的阐释，"弥，终也"。"弥"还可表"尽、终极"之义。如：

（95）弥地数千里，虽得燕城，秦计固不能守也。——《史记·苏秦列传》

例（95）中的"弥"表"终极"之义，后带成分为名词"地"。

根据张家合（2017）所提，"弥"以含有［＋满］的语义特征作为语义基础。当"弥"后带成分抽象化，语义重心后移，"弥"便虚化为程度副词，表程度的加深，是客观高量级程度副词。如：

（96）仰之弥高，钻之弥坚。——《论语·子罕》

例（96）中的"弥"表程度的加深，是客观高量级程度副词。在语法功能上，"弥"可作状语修饰单音节性质形容词，如例（96）中的"弥"修饰

"高"和"坚"。

据此我们可以看到，后带成分的抽象化是客观高量级程度副词"弥"实词虚化过程的关键。例（94）、例（95）中"弥"的后带成分为"山""地"，不及例（96）中性质形容词"高"和"坚"的抽象性、主观性强，因此例（94）、例（95）中的"弥"不可能转化为程度副词。由此再次印证了在上古汉语高量级程度副词的演变过程中，主观化是语法化的基础。

益

根据《说文解字》的解释，"益，饶也。从水皿，皿益之意也"。"益"的本义是水满溢出。如：

（97）澭水暴益，荆人弗知。——《吕氏春秋·察今》

例（97）中的"益"作动词，表水漫出来，引申为"增多、增加"之义。如：

（98）故富贵不足以益也，卑贱不足以损也。——《荀子·哀公》

例（98）中的"益"作动词，表"增加"之义。

"益"的本义是水满溢出，引申义为增加。其含有的语义特征包括［＋满］［＋超出］［＋增加］。以此语义特征作为语义基础，伴随后带成分的抽象化和语义重心的后移，"益"虚化为程度副词，表程度的加深。如：

（99）君之病在肌肤，不治将益深。——《韩非子·喻老》

例（99）中的"益"表程度的加深，是客观高量级程度副词。在语法功能上可作状语修饰单音节性质形容词，如例（99）中的"益"修饰"深"；也可作状语修饰单音节心理动词，如例（100）中的"益"修饰"惧"；还可作状语修饰"有＋名"动词短语，如例（101）中的"益"修饰"有骄色"；亦可作状语修饰含性状义的动词或短语，如例（102）中的"益"修饰"起"。

（100）国人益惧。——《左传·昭公七年》
（101）复会诸侯于葵丘，益有骄色。——《史记·齐太公世家》
（102）谗言益起。——《国语·晋语一》

由此可见，客观高量级程度副词"益"比"弥"的组合搭配对象丰富。

另外"益"还可用作副词，表"逐渐""渐渐"之义，即表动作行为或状况逐渐出现或加深，如《史记·李将军列传》中的"杀数人，胡虏益解"中的"益"。

滋

根据《说文解字》的解释，"滋，益也"。段注："草部兹下曰草木多益也。此字从水、兹，为水益也。凡经传增益之义多用此字，亦有用兹者，是一义。"根据《王力古汉语字典》第616页的释义，"滋"的最初义为生长、增长。如：

（103）民乃藩滋。——《国语·越语》

例（103）中的"滋"是指增长。"滋"的最初义为"增长"，含有［＋增加］的语义特征。以此语义特征作为语义基础，伴随后带成分的抽象化和语义重心的后移，"滋"虚化为程度副词，表程度的加深。如：

（104）武安由此滋骄。——《史记·魏其武安侯列传》

例（104）中的"滋"表程度的加深，是客观高量级程度副词。在语法功能上"滋"可作状语修饰单音节性质形容词，如例（104）中的"滋"修饰"骄"；也可作状语修饰单音节心理动词，如例（105）中的"滋"修饰"怒"；还可作状语修饰含性状义的动词或短语，如例（106）中的"滋"修饰"起"。

（105）弗得，滋怒，自投于床。——《左传·定公三年》
（106）人多伎巧，奇物滋起。——《老子》（第五十七章）

加

根据《说文解字》的解释，"加，语相增加也"。段注："增下曰，加也。诬下曰，加也。此云语相增加也，知增诬加三字同义矣。诬人曰增，亦曰加。……引伸之凡据其上曰加。"根据《古代汉语虚词词典》的释义，"加"本义为"诬枉"，引申为"增加""增益"之义。如：

（107）乐正子春之视疾也，复加一饭则脱然愈。——《公羊传·昭公十九年》

例（107）中的"加"是指增加。宾语为"饭"。"加"含有［＋增加］的语义特征。以此作为语义基础，伴随后带成分的抽象化和语义重心的后移，"加"虚化为程度副词，表程度的加深。如：

（108）邻国之民不加少，寡人之民不加多，何也？——《孟子·梁惠王上》

例（108）中的"加"表程度的加深，是客观高量级程度副词。在语法功能上，"加"可作状语修饰单音节性质形容词，如例（108）中的"加"修饰"少"和"多"；也可作状语修饰单音节心理动词，如例（109）中的"加"修饰"敬"。

（109）曹滕二邦实不忘我好，敬以逆之，……其如旧而加敬焉。——《左传·昭公三年》

尤

"尤"较早的语义是"错误、罪过"。如：

（110）废为残贼，莫知其尤。——《诗经·小雅·四月》

例（110）中的"尤"是名词，表"错误、罪过"之义。

根据《说文解字》的解释，"尤，异也。"因此"尤"是形容词，其含义为"特异"，与"殊"相似。如：

（111）夫有尤物，足以移人。——《左传·昭公二十八年》

例（111）中的"尤"是形容词，修饰名词"物"。

"尤"的"特异"之含义也可理解为"优异、杰出""超过一般"。如：

（112）颜成子入见曰："夫子，物之尤也。"——《庄子·杂篇》

例（112）中的"尤"为"杰出、优异"之义，表示"超过一般"。

"尤"的含义"特异""优异、杰出"含有［＋特异］［＋超过/出］的语义特征，伴随"尤"后所带成分的抽象化以及表义重心的后移，"尤"引申为程度副词，表程度高。如：

（113）余并论次，择其言尤雅者，故著为本纪书首。——《史记·五帝本纪》

（114）天子初即位，尤敬鬼神之祀。——《史记·孝武本纪》

（115）苍本好书，无所不观，无所不通，而尤善律历。——《史记·张丞相列传》

例（114）中的"尤"无客观对比对象和限定范围，独立地表程度，不用于比字句，可表程度高。然而例（113）（115）中的"尤"可视为有明确的比较范围。《王力古汉语字典》第234页将作副词的"尤"解释为格外、更加。《古汉语词典》（第2版）第1802页将作副词的"尤"解释为尤其。《现代汉语词典》（第7版）第1583页将"尤其"的解释为表示更进一步。据此，"尤其"作副词在含义上表程度的加深，因此本书未将"尤"列为主观高量级程度副词，而是将其列为客观高量级程度副词。

由此可见，并不是所有含有［+特异］或［+超过/出］语义特征的词都能虚化为主观高量级程度副词。

在语法功能上，客观高量级程度副词"尤"可作状语修饰单音节性质形容词，如例（113）中的"尤"修饰"雅"；也可作状语修饰单音节心理动词，如例（114）中的"尤"修饰"敬"；还可作状语修饰含性状义的动词或短语，如例（115）中的"尤"修饰"善"。

兄

根据《说文解字》，"兄，长也"。本义为"滋长、增长"，含有［+增加］的语义特征。

以此作为语义基础，伴随后带成分的抽象化和语义重心的后移，"兄"虚化为程度副词，表程度的加深。如：

（116）启兄填兮。——《诗经·大雅·柔桑》

例（116）中的"兄"表程度的加深，是客观高量级程度副词。在语法功能上，"兄"可作状语修饰单音节性质形容词，如例（116）中的"兄"修饰"填"（"填"在此作性质形容词，表"长久"之义）；也可作状语修饰单音节心理动词，如例（117）中的"兄"修饰"纵"。

（117）王兄自纵也。——《墨子·非攻下》

另外根据《王力古汉语字典》第578页解释，"兄"作程度副词还可写作"况"，表"更加"之义。如：

（118）忧心悄悄，仆夫况瘁。——《诗经·小雅·出车》

例（118）中的"况"表程度的加深，是客观高量级程度副词，修饰单音节性质形容词"瘁"。我们在统计时，将客观高量级程度副词"况"统计在"兄"下。"况也写作"况"。

另外"况"从先秦一直到现代都可用作连词，表"何况""况且"之义。如《左传·襄公二十三年》中的"过君以义，犹自抑也，<u>况</u>以恶乎？"中的"况"。"况（况）"作程度副词仅限于先秦古籍，后世不再用作副词。

更

根据《说文解字》的解释，"更，改也"。"更"的本义是"改变"。如：

（119）<u>更</u>姓改物，以创制天下。——《国语·周语中》

例（119）中的"更"作动词，表"改变"之义。宾语为"姓"。

"更"本义含有"改变"之义。"更"以［＋改变］的语义特征作为语义基础，伴随后带成分的抽象化和语义重心的后移，"更"虚化为程度副词，表程度的加深。如：

（120）吾尝为鲍叔谋事而<u>更</u>穷困。——《史记·管晏列传》

例（120）中的"更"表程度的加深，是客观高量级程度副词。在语法功能上，"更"可作状语修饰性质形容词，如例（120）中的"更"修饰"穷困"；"更"也可作状语修饰含性状义的动词或短语，如例（121）中的"更"修饰"言神事"；"更"还可作状语修饰能愿短语，如例（122）中的"更"修饰"不能"。

（121）而海上燕、齐怪迁之方士多相效，<u>更</u>言神事矣。——《史记·孝武本纪》
（122）其修士不能以货赂事人，恃其精洁而<u>更</u>不能以枉法为治。——《韩非子·孤愤》

在此值得一提的是，"更"可用作副词，表"再、又"之义。如《左传·僖公五年》中的"虞不腊矣，在此行也，晋不<u>更</u>举"，其中的"更"表"再"之义。又如《史记·范雎蔡泽列传》中的"<u>更</u>醉而溺我，公其何忍乎"，其中的"更"表"又"之义。根据杨振华（2019）所述，"更"在上古时期用作副词，更多是表"再、又"之义。也就是说"更"在上古时期表程度的加深，其使用频率不及作副词表"再、又"的频率高。"更"本义含有［＋改变］的语义特征，受表"再、又"之义的影响，隐含程度加深之义，即隐含［＋增加］的语义特征。因此"更"又用作程度副词，表程度的加深，即用作客观高量级程度副词。我们赞同这一观点。

二、分析与讨论

1. 使用频率

表2-4　上古汉语客观高量级程度副词的使用频率

	愈	弥	益	滋	加
数量	196	85	75	68	53
占比	37.4%	16.22%	14.31%	12.98%	10.11%
	尤	兄	更	合计	
数量	35	7	5	524	
占比	6.68%	1.34%	0.96%	100%	

　　参照张家合（2017：38）的统计，即通过表2-4，我们可以看到，在上古时期的大量语料中，汉语客观高量级程度副词中，使用频率最高的是"愈"，其次是"弥""益""滋""加""尤"。"兄"和"更"的使用频率较低。由于相关的字典、词典都将这些词列为程度副词，且它们中的大部分在中古时期仍作为程度副词，因此本书在此仍将其列入研究范围。

2. 语义基础和语义特征

表2-5　上古汉语客观高量级程度副词的语义特征

	+超过/出	+满	+终极	+增加	+特异	+改变
愈	√					
弥		√	√			
益	√	√		√		
滋				√		
加				√		
尤	√				√	
兄				√		
更				√		√
总计/个	3	2	1	5	1	1

　　通过上文分析并结合表2-5，我们可以看到，上古时期汉语客观高量级程度副词

主要是以［＋超过/出］［＋满］［＋终极］［＋增加］［＋特异］［＋改变］的语义特征作为语义基础由实词虚化而来。这些词以含有［＋增加］的语义特征居多，占比62.5％，其次是［＋超过/出］。这是由于客观高量级程度副词在语义上表程度的加深，［＋增加］的语义特征直接含有这一语义，经隐喻机制容易转化为客观高量级程度副词。含有［＋超过/出］语义特征的实词，也可引申表程度的加深，因此也可转化为客观高量级程度副词。另外因［＋超过/出］本身具有凸显性，还可虚化为汉语主观高量级程度副词，如"甚（孔）""大""殊"以及汉语主观超量级程度副词"泰（太、大）"。含［＋特异］语义特征的词也可转化为主观高量级程度副词，如"殊"。含［＋终极］语义特征的因"终极"可引申为"达到终点"之义，由此具备转化为主观极量级程度副词的语义基础。① 这些语义特征因本身具有的语义通过隐喻机制在程度上可表高量，因此常常被用作高量程度副词实词虚化的语义基础。但值得一提的是，并不是含有这些语义特征的都能实词虚化为高量程度副词。

上古汉语客观高量级程度副词中，除了"尤"是由名词虚化而来，其他皆从动词虚化而来。

3. 语法化过程

前文提到，在上古汉语主观高量级程度副词的演变过程中，主观化是语法化的关键因素，主观化是语法化的基础。这有异于英语实词演变过程中的"语法化是主观化的基础"。上古汉语客观高量级程度副词实词虚化的过程亦是如此。

根据前文的阐释，例（91）中的"逾孟津"和例（92）中的"逾己"，动词"逾"的宾语为名词"孟津"和"己"。"孟津"和"己"不属于抽象名词，其抽象性、主观性不强，因此"逾"在例（91）和例（92）中不可能虚化为程度副词。例（88）中"逾"的后带成分为性质形容词"危"和"辱"，具有抽象性、主观性，因此"逾"以含有［＋超过/出］的语义特征为语义基础，伴随后带成分的抽象化和表义重心的后移，实词虚化为程度副词。又如例（94）中的"弥山"，"弥"的后带成分为"山"，抽象性、主观性弱，因此"弥"在此不可能用作程度副词。例（96）中的"弥高""弥坚"，"弥"的后带成分为性质形容词"高""坚"，"弥"受性质形容词本身具有的较强的抽象性和主观性的影响，语法化为程度副词。例（107）中的"加一饭"，动词"加"的宾语为"饭"。名词"饭"的主观性和抽象性不强，因此例（107）中的"加"不能用作程度副词。例（108）中的"加少""加多"，受性质形容词"少"和"多"具有的较强的抽象性、主观性的影响，例（108）中的"加"语法化为程度副词。由此可见，在上古汉语客观高量级程度副词的虚化过程中，主观化是语法化的基础。

参照张谊生（2013）所说，从类型学角度出发，状语的位置可前可后。以英语为

例，如：

（123）I revere him greatly.

（124）I greatly revere him.

例（123）中的程度副词"greatly"作状语放在动词"revere"后，而例（124）中的程度副词"greatly"作状语放在动词"revere"前。英语中这两个句子都成立，即状语在英语中位置可前也可后。

然而，在上古汉语里，主观高量级程度副词和客观高量级程度副词基本上都是放在谓词前作状语，并没有出现置后的现象。究其原因，在中古以前，汉语里没有结果补语，更不可能有程度补语［参照蒋绍愚（1999）和杨荣祥（2004）所述］。也就是说受上古汉语语法影响，程度副词不可能置后作补语，因此上古汉语程度副词只能作状语，置于谓词前。上古汉语主观高量级程度副词和客观高量级程度副词亦是如此。

如例（11）中的"彼潜人者，亦已大**甚**"，虽然"甚"用于性质形容词"大"之后，"大"具有较强的主观性和抽象性，但根据《王力古汉语字典》第736页的释义，此处的"甚"应解释为"严重、过分"，即采用实词义，不能解释为程度高。其深层次的原因是上古时期没有程度补语，因此此处的"甚"不能解释为程度副词。不过值得一提的是，恰恰是这种临界状态的出现，为实词虚化为副词奠定了基础。在语用因素的外力推动下，语法化最终得以完成。

4. 组合搭配功能

表 2 - 6　上古汉语客观高量级程度副词的组合搭配功能

	形容词	动词及动词短语			
	性质形容词	心理动词	能愿动词短语	"有 + 名"短语	其他含性状义的动词或短语
愈	√	√	√	√	
弥	√				
益	√	√		√	√
滋	√	√			
加	√				
尤	√				√
兄	√				
更	√		√		√

　　根据表2-6，上古汉语客观高量级程度副词的组合搭配对象与主观高量级程度副词相似，包括性质形容词、心理动词、能愿动词短语、"有+名"短语和其他含性状义的动词或短语。这些词的抽象性、主观性比普通名词、动作动词强，因此可以与程度副词（包括客观高量级程度副词）搭配使用，这是语义的双向选择。根据表2-4，"愈"的使用频率最高，其组合搭配的对象更丰富。"益"的使用频率虽不及"弥"，但其组合搭配对象比"弥"丰富。这为其在中古时期超过"弥"成为使用频率更高的客观高量级程度副词奠定了基础。

　　上古汉语客观高量级程度副词多为单音节词，其组合搭配对象也多为单音节词，如例（108）中的"加"修饰"少"。然而搭配对象也有双音节词的，如例（120）中的"更"修饰"穷困"，不过十分少见。

　　在连用的情况上，上古汉语客观高量级程度副词出现了同类连用现象。如例（125）中"愈"和"益"连用，修饰单音节性质形容词"厚"；例（126）中"愈"和"益"连用，修饰双音节性质形容词"谨肃"；例（128）中的"尤"与"益"连用，修饰单音节心理动词"敬"；例（129）中的"滋"与"益"连用，修饰单音节性质形容词"多"①。

　　另外还有客观高量级程度副词与主观高量级程度副词的连用，如例（127）中客观高量级程度副词"益"和主观高量级程度副词"大"连用，修饰单音节心理动词"信"。

（125）魏王虽无以应，韩之为不义愈益厚也。——《吕氏春秋·审应》

（126）使从者谢吉，吉愈益谨肃。——《史记·司马相如列传》

（127）于是燕王因益大信子之。——《韩非子·外储说右下》

（128）愈贫贱，尤益敬。——《史记·魏其武安侯列传》

（129）所亡失以十万数，而诸侯并起滋益多。——《史记·项羽本纪》

　　总体说来，"益"出现的连用现象最多，但这样的连用并不多见，且连用多修饰单音节词。另外我们还看到，只有使用频率较高的客观高量级程度副词才能出现连用现象。使用频率较低的"兄"和"更"则没有出现连用现象。连用现象的出现，也可看出客观高量级程度副词在使用过程中语义容易磨损，需要通过连用来表达、突出其程度的高量。

　　除此以外，在连用现象中，上古汉语客观高量级程度副词还出现了结构式的连用。如例（88）中的"然国逾危，身逾辱"（逾……逾……）以及例（89）中的"辞俞卑，礼俞尊"（俞……俞……）；例（90）中的"吾三相楚而心瘉卑，每益禄而施

---

① "滋"和"益"连用也可写作"兹益"，如《史记·孔子世家》中的"三命兹益恭"。

瘉博，位滋尊而礼瘉恭"（瘉……瘉……）；例（96）中的"仰之弥高，钻之弥坚"（弥……弥……）；还有例（128）中的"愈贫贱，尤益敬"（愈……尤益……）等。相对而言，上古汉语主观高量级程度副词则较少出现这样的连用结构式。

三、小结

上古汉语客观高量级程度副词中，使用频率最高的是"愈（逾、俞、瘉）"，其次是"弥""益"等。"兄（况）"和"更"的使用频率不高。这些词的语义基础包含的语义特征主要有：［+满］［+终极］［+增加］［+特异］［+超过/出］［+改变］等。这些语义特征中，以含有［+增加］的语义特征最多，占比62.5%。其次是［+超过/出］。这是由于客观高量级程度副词在语义上表程度的加深，［+增加］的语义特征直接含有这一语义，因此容易转化为客观高量级程度副词。［+超过/出］由于具有凸显性，因此也容易转化为高量级程度副词。上古客观高量级程度副词中，除了"尤"是由名词虚化而来，其他皆从动词虚化而来。当这些实词的后带成分抽象化，伴随表义重心的后移，这些实词便经语法化、虚化为程度副词。综观上古汉语客观高量级程度副词的演变过程，其完成由实到虚的语法化进程，关键因素是后带成分的抽象化。抽象化是主观化的一种途径。因此对于上古汉语客观高量级程度副词而言，主观化是语法化的关键因素，即主观化是语法化的基础。上古时期的客观高量级程度副词中，使用频率越高，组合搭配功能越强。上古汉语客观高量级程度副词的组合搭配对象有性质形容词、心理动词、能愿动词、"有+名"结构、其他含性状义的动词或短语。上古时期，"愈""尤""滋"作为客观高量级程度副词，出现了与客观高量级程度副词的"益"连用的情形。客观高量级程度副词"益"还出现了与主观高量级程度副词"大"连用的现象。这说明客观高量级程度副词的语义容易磨损。另外，客观高量级程度副词还出现了结构式连用现象。

第三节　对比分析

上古汉语主观高量级程度副词和客观高量级程度副词在演变过程中，既有相似之处，也有不同之处。其相似之处体现在：一是在语法化过程中，都是以含有某一类语义特征为语义基础，通过隐喻机制，伴随后带成分的抽象化以及语义重心的后移，又加之语用因素在临界状态的外力推动作用，实词虚化为高量级程度副词。二是两者的组合搭配对象皆是性质形容词、心理动词、能愿动词、"有+名"结构、其他含性状义的动词或短语。相对于普通名词和动作义较强的动词而言，这些搭配对象更具有抽象性，即主观性更强。这与程度副词的主观性相对应，是语义的双向选择。使用频率高的，则组合搭配能力更强。三是二者都出现了同类连用现象，语义都较容易磨损。

上古汉语主观与客观高量级程度副词在演变过程中的不同之处主要体现在：一是主要含有的语义特征不同。主观高量级程度副词以含有［＋大］的语义特征居多；客观高量级程度副词以含有［＋增加］的语义特征居多。这是由于二者在表义上不同，其具体的隐喻过程不同。二是在组合搭配上，主观高量级程度副词使用频率最高的"甚"的组合搭配对象比使用频率最高的客观高量级程度副词"愈"的搭配对象丰富。三是在连用上，客观高量级程度副词连用现象相较于主观高量级程度副词而言较多。另外，客观高量级程度副词出现了结构式连用现象，而主观高量级程度副词则很少出现结构式连用现象。四是主观高量级程度副词的成员比客观高量级程度副词的成员数量多。这是由于主观高量级程度副词比客观高量级程度副词的主观性强，人们在表达主观高量时，对主观高量级程度副词有更多的需求。

第三章 中古汉语主观与客观高量级程度副词的对比研究

第一节 中古汉语主观高量级程度副词研究

一、中古时期新兴的主观高量级程度副词

1. 单音节形式

依照第一章第五节对主观高量级程度副词的界定，参照前人对表程度高的"甚"类词的划分以及相关古代汉语字典、词典对于这些词的释义，中古时期新兴的主观高量级程度副词中，单音节形式的有：颇$_1$①、特、何、雅、笃、正、差$_1$、精、酷、奇。具体阐释如下。

颇$_1$

《说文解字》："颇，头偏也。"段玉裁注："引申为凡偏之称。"也就是说"颇"由本义"头偏"，引申出"偏""倾斜""不正"等义。如：

(130) 故正义之臣设，则朝廷不颇。——《荀子·臣道》

例（130）中的"颇"是指"不正"。

"颇"的虚词义由实词义引申而来，西汉时已产生。"颇"最早用于表低量程度，呈"稍微"之义。如：

(131) 襄，其天资善为容，不能通礼经；延颇能，未善也。——《史记·儒林列传》

例（131）中的"颇"表程度低，呈"稍微"之义。

直到中古时期，"颇"才用作表程度高的程度副词。如：

---

① "颇"可以用作高量和低量程度副词。"颇$_1$"是指表高量的程度副词。"差"同此。

（132）旸<u>颇</u>久，旱之渐也。——《论衡·明雩》

例（132）中的"颇"义为"甚"，表程度高。"颇"在此无客观对比对象和限定范围，独立地表程度，呈主观色彩，不用于比字句，是主观高量级程度副词。

"颇"由引申义带有［－正］的语义特征，虚化为表程度高的主观程度副词，与上古时期的主观高量级程度副词"偏"一致。上古时期"偏"作为主观高量级程度副词的使用频率很低，而"颇"在中古时期作为主观高量级程度副词的使用频率较高，仅次于使用频率最高的"甚"和"大"（详见表3-1）。

在语法功能上，"颇"作为主观高量级程度副词，可以作状语修饰单音节性质形容词，如例（132）中的"颇"修饰"久"；"颇"也可作状语修饰单音节心理动词，如例（133）中的"颇"修饰"晓"；"颇"还能作状语修饰能愿动词短语，如例（134）中的"颇"修饰"能言理"；另外还可以作状语修饰比似动词，如例（135）中的"颇"修饰"类"；也可以作状语修饰"有＋名"短语，如例（136）中的"颇"修饰"有将略"；又能作状语修饰介词短语"为＋名＋所＋动"结构，用于被动句中，如例（137）中的"颇"修饰"为石显等所侵"。

（133）我有一儿，年已十七，<u>颇</u>晓书疏。——《颜氏家训·序致》

（134）<u>颇</u>能言理，时为诗咏，往往有高胜之言。——《宋书·朱百年传》

（135）群下窃相谓曰："<u>颇</u>类莵车。"——《宋书·五行志一》

（136）超宗，身长八尺，<u>颇</u>有将略。——《魏书·赵逸传》

（137）王上书自陈舅张博时事，<u>颇</u>为石显等所侵，因为博家属徙者求还。——《汉书·宣元六王传》

颇₂作为低量程度副词在西汉时已出现。颇₁到中古时期才开始作为高量程度副词使用。但随着颇₁的出现，颇₂的使用频率逐渐下降。在现代，"颇"作为程度副词基本都是以高量程度副词的形式出现。

特

《说文解字》有云："特，牛也。""特"本义是指公牛。如：

（138）（文公）二十七年，伐南山大梓，丰大<u>特</u>。——《史记·秦本纪》

例（138）中的"特"是指公牛。

"特"可引申出"牲一头"之义。如：

（139）子为我具**特**羊之飨。——《国语·晋语二》

例（139）中的"特"是指"牲一头"，参见韦昭注："特，一也。凡牲，一为特，二为牢。"

"特"又由此引申出"单独，单个"之义。如：

（140）筑**特**室，席白茅，闲居三月。——《庄子·在宥》

例（140）中的"特"是指"单独"的意思。"特"在此修饰名词"室"。

"特"又由此引申出"杰出、卓异"之义。如：

（141）维此奄息，百夫之**特**。——《诗经·秦风·黄鸟》

例（141）中的"特"是"杰出、卓异、超出一般"之义。

"特"还能引申出"特别"之义。如：

（142）而彭祖乃今以久**特**闻，众人匹之，不亦悲乎？——《庄子·逍遥游》

例（142）中的"特"为"特别"之义。

由此可见，"特"的引申义"杰出、卓异""特别"含有［+特异］的语义特征，与上古时期的主观高量级程度副词"殊"一致。"特"以此语义特征作为语义基础，伴随后带成分的抽象化和表义重心的后移，引申为程度副词。如：

（143）嵇博综技艺，于丝竹**特**妙。——《文选·向秀：思旧赋序》

例（143）中的"特"义为"非常"，表程度高。"特"无客观对比对象和限定范围，独立地表程度，呈主观色彩，不用于比字句，是主观高量级程度副词。

在语法功能上，主观高量级程度副词"特"可作状语修饰单音节性质形容词，如例（143）中的"特"修饰"妙"；"特"也可作状语修饰单音节心理动词，如例（144）中的"特"修饰"惊"；"特"亦可作状语修饰能愿动词短语，如例（145）中的"特"修饰"愿留神允思"；"特"还可作状语修饰"有+名"结构，如例（146）中的"特"修饰"有乃心"；"特"又能作状语修饰介词短语"为+名+所+动"结构，用于被动句，如例（147）中的"特"修饰"为太宗所宠"。

（144）西南望庐山，又**特**惊异。——《鲍氏集·登大雷岸与妹书》

（145）特愿留神允思，重加询采。——《宋书·武三王传》

（146）沈攸之于景和之世，特有乃心，虽末节不终，而始诚可录。——《宋书·元粲传》

（147）韫人才凡鄙，以有宣城之勋，特为太宗所宠。——《宋书·列传·卷五十一》

何

上古时期已有主观高量级程度副词"何其"和"一何"。根据《王力古汉语字典》的释义，到了中古时期，"何其""一何"省写为"何"，同样用作主观高量级程度副词。

在语法功能上，主观高量级程度副词"何"可作状语修饰单音节性质形容词，如例（148）中的"何"修饰"多"；"何"也可作状语修饰双音节性质形容词，如例（149）中的"何"修饰"萧条"；"何"还能作状语修饰动词短语"有（无）＋名"结构，如例（150）中的"何"修饰"无礼"。

（148）吾近行围，弩何多也！——《后汉书·袁绍传》

（149）原野何萧条！白日忽西匿。——《曹植集·赠白马王彪》

（150）朔来朔来，受赐不待诏，何无礼也！——《后汉书·东方朔传》

雅

《说文解字》有云："雅，楚乌也。""雅"的本义是一种鸟，但文献中多用"正"来解释"雅"，比如《诗经·小雅·鼓钟》中的"以雅以南，以龠不僭。"郑玄笺："雅，正也。""雅"由此引申为"合乎规范、正确"。如：

（151）法二后王谓之不雅。——《荀子·儒效》

例（151）中的"雅"指"正确"。
"雅"又由此引申为"正直"之义。如：

（152）言少理多，真雅士也。——《三国志·魏书·三少帝纪》

例（152）中的"雅"是指"正直"，修饰名词"士"。
"雅"以引申义"合乎规范、正确""正直"中所含的语义特征［＋正］作为语义基础，伴随后带成分的抽象化和表义重心的后移，"雅"实词虚化，成为程度副词。如：

（153）妇，赵女也，雅善鼓瑟。——《汉书·杨恽传》

例（153）中的"雅"义为"很、十分"，表程度高。"雅"无客观对比对象和限定范围，独立地表程度，呈主观色彩，不用于比字句，是主观高量级程度副词。

在语法功能上，主观高量级程度副词"雅"可作状语修饰单音节含性状义动词，如例（153）中的"雅"修饰"善"；"雅"也可作状语修饰单音节心理动词，如例（154）中的"雅"修饰"好"；"雅"还能作状语修饰动词短语"有＋名"结构，如例（155）中的"雅"修饰"有文艺"。

（154）此诸葛恪雅好骑乘，还告丞相，为致好马。——《三国志·吴书·诸葛恪传》

（155）博览载籍，雅有文艺，旧典文章，莫不贯综。——《三国志·陈登传》

主观高量级程度副词"雅"是以语义特征［＋正］作为语义基础的，与之相反的是同为主观高量级程度副词的"偏""颇"，它们则是以语义特征［－正］作为语义基础的。

笃

《说文解字》："笃，马行顿迟。"段注："顿如顿首，以头触地也，马行箸实而迟缓也。"《尔雅·释诂》："笃，固也，厚也。""笃"的本义是指马走得缓慢吃力，引申为"厚实"之义。如：

（156）椒聊之实，蕃衍盈匊，彼其之子，硕大且笃。——《诗经·唐风·椒聊》

例（156）的"笃"是指"厚实"，又可引申为具有抽象性的"忠厚""深厚"之义。如：

（157）博学之，审问之，慎思之，明辨之，笃行之。——《礼记·中庸》

例（157）中的"笃"是指"忠厚""诚而厚重"之义，修饰动词"行"。

"笃"的引申义"厚实"等含有语义特征［＋厚］。根据《现代汉语词典》（第7版）第546页对"厚"本义的定义——"厚是指扁平物上下之间的距离大"，即"厚"含有［＋大］的语义特征。由此我们认为，"笃"隐含［＋大］的语义特征。"笃"以此为语义基础，伴随后带成分的抽象化以及表义重心的后移，引申为程度副词。如：

（158）上疏乞骸骨，上以其年<u>笃</u>老，皆许之。——《汉书·疏广传》

例（158）中的"笃"义为"很"，表程度高。"笃"无客观对比对象和限定范围，独立地表程度，呈主观色彩，不用于比字句，是主观高量级程度副词。

在语法功能上，主观高量级程度副词"笃"作状语修饰单音节性质形容词，如例（158）中的"笃"修饰"老"；也可作状语修饰单音节心理动词，如例（159）中的"笃"修饰"好"。

（159）降及建安，曹公父子，<u>笃</u>好斯文。——《诗品·总论》

正

《说文解字》："正，是也。"又："是，直也。"《文选·东京赋》注："正，中也。中、直皆'是'之义也。"也就是说"正"的本义是"中、直"，含有"不偏、不斜"之义。如：

（160）席不<u>正</u>，不坐。——《论语·乡党》

例（160）中的"正"是"不偏不斜"之义，引申为"正直"之义。如：

（161）晋文公谲而不<u>正</u>，齐桓公<u>正</u>而不谲。——《论语·宪问》

例（161）中的"正"是指"正直"，可后带名词。如：

（162）憙内典宿卫，外干宰职，<u>正</u>身立朝，未尝懈惰。——《后汉书·赵憙传》

例（162）中的"正"是"使正直"之义，后带名词成分"身"。

"正"的本义和引申义含有语义特征［－偏］［＋正］，与"雅"一致。与"偏""颇"所含的语义特征［－正］正好相反。"正"以语义特征［＋正］作为语义基础，伴随后带成分的抽象化和表义重心的后移，"正"引申为程度副词。如：

（163）其形<u>正</u>圆，高二丈，甚有神变。——《洛阳伽蓝记·城北·凝圆寺》

例（163）中的"正"义为"很"，表程度高。"正"无客观对比对象和限定范围，独立地表程度，呈主观色彩，不用于比字句，是主观高量级程度副词。

在语法功能上，主观高量级程度副词"正"可作状语修饰单音节性质形容词，如例（163）中的"正"修饰"圆"；"正"也可作状语修饰双音节形容词短语，如例（164）中的"正"修饰"清滑"。

（164）体荡荡正清滑，有若钟乳状。——《搜神记·和熹邓皇后》

差₁

《说文解字》："差，贰也，差不相值也。""差"的本义是"差别"。如：

（165）使有贵贱之等，长幼之差，知贤愚能不能之分。——《荀子·荣辱》

例（165）中的"差"是"差别、差等"之义，可引申为"差错"。如：

（166）失之毫厘，差以千里。——《史记·太史公自序》

例（166）中的"差"是"差错"之义。差错即不正确。根据高育花（2007：111）的论述，"差"由"差错"含有的"不正"之义引申为表程度低或程度高。也就是说"差"是以语义特征［－正］作为语义基础，进而引申为程度副词的。这一语义基础与"偏""颇"一致。

"差"最早是在上古时期引申为表低量的程度副词"差₂"。如：

（167）二曰以重差小，方之，其文马，直五百。——《史记·平准书》

例（167）中的"差"是稍微之义，作表低量的程度副词，记作"差₂"。
中古时期，"差"也可用作表高量的程度副词。如：

（168）幕北地平，少草木，多大沙，匈奴来寇，少所蔽隐，从塞以南，径深山谷，往来差难。——《汉书·匈奴传》

例（168）中的"差"义为"很"，表程度高。"差"无客观对比对象和限定范围，独立地表程度，呈主观色彩，不用于比字句，是主观高量级程度副词，记作"差₁"。
在语法功能上，主观高量级程度副词"差₁"可作状语修饰单音节性质形容词，如例（168）中的"差"修饰"难"。

精

《说文解字》："精，择也。"本义是指经挑选不含杂质的上等米，优质的粮食。如：

（169）鼓筴播<u>精</u>，足以食十人。——《庄子·人间世》

例（169）中的"精"是指精米、上等米。"精"由此可引申为精华，事物中最优良的部分。如：

（170）蒙至寻阳，尽伏其<u>精</u>兵舳舻中。——《三国志·吴书·吕蒙传》

例（170）中的"精"是指精华，最优良的部分。"精"在此修饰名词"兵"。

"精"的本义和引申义都含有"优"的语义。根据《现代汉语词典》（第7版）第1580页对"优"的释义——"优良、美好"，"优"含有［＋好］的语义特征，"精"也因此含有［＋好］的语义特征。"精"以此语义特征作为语义基础，伴随后带成分的抽象化和表义重心的后移，引申为程度副词。如：

（171）孙安国往殷中军许共论，往反<u>精</u>苦，客主无间。——《世说新语·文学》

例（171）中的"精"义为"很、非常"，表程度高。"精"无客观对比对象和限定范围，独立地表程度，呈主观色彩，不用于比字句，是主观高量级程度副词。

在语法功能上，主观高量级程度副词"精"可作状语修饰单音节性质形容词，如例（171）中"精"修饰"苦"；"精"也可作状语修饰动词短语"有＋名"结构，如例（172）中的"精"修饰"有才理"。

（172）钟士季<u>精</u>有才理，先不识嵇康，钟要于时贤俊者之士，俱往寻康。——《世说新语·简傲》

酷

《说文解字》："酷，酒味厚也。"也就是说"酷"的本义是酒味浓烈。如：

（173）浮蚁鼎沸，<u>酷</u>烈馨香。——《七启》（曹植）

例（173）中的"酷"是指酒味浓。

根据"酷"的本义，"酷"含有［＋厚］的语义特征。根据《古代汉语词典》（第2版）第557页对"厚"的释义："厚"本义是与"薄"相对。引申义有"醇厚、味浓"。又依据《现代汉语词典》（第7版）第546页对"厚"本义的定义——"厚是指扁平物上下之间的距离大"，引申为"（味道）浓"，"厚"含有［＋大］的语义特征。因此我们认为，"酷"含有［＋厚］的语义特征，隐含着［＋大］的语义特征。以此语义特征作为语义基础，"酷"伴随后带成分的抽象化及表义重心的后移，引申为程度副词。如：

（174）陶公少有大志，家<u>酷</u>贫，与母湛氏同居。——《世说新语·贤媛》

例（174）中的"酷"义为"很、非常"，表程度高。"酷"无客观对比对象和限定范围，独立地表程度，呈主观色彩，不用于比字句，是主观高量级程度副词。

在语法功能上，主观高量级程度副词"酷"可作状语修饰单音节性质形容词，如例（174）中"酷"修饰"贫"；"酷"也可作状语修饰单音节心理动词，如例（175）中的"酷"修饰"妒"。

（175）贾公闾后妻郭氏<u>酷</u>妒。——《世说新语·惑溺》

奇

《说文解字》："奇，异也。"段注："异也，不群之谓。"由此可见"奇"的本义是特异，不平常。如：

（176）国君不乘<u>奇</u>车。——《礼记·曲礼上》

例（176）中的"奇"是指不平常、特异，修饰名词"车"。

"奇"含有［＋特异］的语义特征。"奇"以此作为语义基础，伴随后带成分的抽象化和表义重心的后移，引申为程度副词。如：

（177）许允妇是阮卫尉女，德如妹，<u>奇</u>丑。——《世说新语·贤媛》

例（177）中的"奇"义为"很、非常"，表程度高。"奇"无客观对比对象和限定范围，独立地表程度，呈主观色彩，不用于比字句，是主观高量级程度副词。

在语法功能上，主观高量级程度副词"奇"可作状语修饰单音节性质形容词，如例（177）中的"奇"修饰"丑"；"奇"也可以作状语修饰单音节心理动词，如例（178）中的"奇"修饰"重"。

（178）而袁绍见洪，又<u>奇</u>重之，与结分合好。——《三国志·魏书·张邈传》

在此值得一提的是，董志翘、蔡镜浩（1994：152）和江蓝生（1988：49－50）认为，"独"也可用作程度副词。如：

（179）孙叔言创《尔雅音义》，是汉末人独知反语。——《颜氏家训·音辞》

江蓝生（1988）认为例（179）中的"独"为程度副词。董志翘、蔡镜浩（1994）认为"独"作程度副词是由其引申义"独自、单独"发展而来。但我们认为，例（179）中的"独"仍可采用引申义"独自、单独"进行解释，且相关的词典、字典未将其列为程度副词。另外据统计，在中古时期"独"可解释为程度副词的例子较少，而且也可用引申义"独自、单独"进行解释，在近代也不作程度副词使用。因此本书未将"独"列为程度副词。

董志翘、蔡镜浩（1994：426）和张家合（2017）也把"全"列为程度副词。如：

（180）昔两都全盛，六合般昌。——《宋书·顾觊之传》

张家合（2017）认为例（180）中的"全"是程度副词，由"全都"之义引申而来。但我们认为，例（180）中的"全"仍可用引申义"全都"进行解释，且相关的词典、字典未将其列为程度副词。另外据统计，"全"可解释为程度副词的例子在中古时期较少，而且也可用义项"全都"进行解释，在近代"全"也不作为程度副词使用。因此本书未将"全"列为程度副词。

2. 双音节形式

受中古时期汉语双音节发展的影响，中古新兴的主观高量级程度副词也出现了双音节形式，如：甚为、深为、不胜。具体分析如下。

甚为、深为

中古时期新兴的双音节主观高量级程度副词主要以使用频率较高的主观高量级程度副词+"为"的形式出现，如"甚为""深为"。"为"在此作词缀。"甚为""深为"的形成过程与"极为"[①]相似。受相关文献资料不足的影响，本书在此以更具有典型性的"极为"的形成过程进行详解，以此阐释"甚为""深为"的形成过程。

《说文解字》中有云："极，栋也。""极"的本源是名词，是指房屋的脊檩。如《庄子·则阳》中的"其邻有夫妻臣妾登极者。"这里的"极"是指房屋的脊檩。

随后"极"由"房屋的脊檩"这一位于房屋的最高位置，通过"泛化"机制[②]凸显"极"含义中所含的"最高位置"之义，引申为"极点、尽头"。如《诗经·唐风·鸨羽》中的"悠悠苍天，曷其有极。"此处的"极"是指"天"的"极点""尽头"。

---

① "极"用作主观极量级程度副词，"极为"也是主观极量级程度副词。
② 参见赵军（2009）。

又如《荀子·劝学》中的"夫是之谓道德之<u>极</u>。"这里的"极"是指进一步抽象化之物"道德"是"极点"。这里"极"含有的"极点、尽头"之义虚化。"道德之极"的"之极"在这里是指"的极点"。"之极"中的"之"本义是"到"。因此"之极"还可以解释为"达到极点"。如《左传·哀公二十年》中的"三年之丧,亲昵之<u>极</u>也。"此处的"亲昵之极"是表示亲情关系达到极点。"之极"是指达到极点。这里的"极点"之义也发生了虚化。

随着"极"的"极点"之义的进一步演化,其名词词性也发生了改变,引申为动词,表"达到极点"之义。如《史记·李斯列传》中的"物极则衰。"此处的"物"在前,"极"在后。由于主语"物"后没有"达到"之义的动词出现,句法结构简单化。因此"极"便承担了动词语义,演变成动词,呈"达到极点"之义。

又如《吕氏春秋·古之君民者》中的"骄则恣,恣则<u>极</u>物。"这里的"极"在前,"物"在后,也表示"物"达到极点。当"极"的后带成分抽象化后,"极"表"达到极点"之义进一步虚化。如《国语·晋语》中的"是以民能欣之,故莫不尽忠<u>极</u>劳以致死也。"这里的"极"在前,"劳"在后,是指抽象物"辛劳"达到极点。在此"极"的"达到极点"之义又进一步虚化了。

又如《荀子·王霸》中的"而功名致大,甚易处而<u>极</u>可乐也。"此处的"极可乐",赵军(2006)解释为"达到可乐的极点",即达到抽象物"可乐"的极点。张家合(2017)把"极"解释为程度副词,即程度极高。由此可见"极"出现了"临界"状态。

"极"本源是名词,由"房屋脊檩"引申为"极点、尽头"。"极"随着"极点"之义的虚化,以及"极"由名词进一步演化为动词,可表"达到极点"之义。"极点"含有"终点"之义,即"极"包含了[+达到][+终点/极点]的语义特征,这为其引申为程度副词奠定了基础。"极"后词语的抽象化使语义进一步虚化。通过隐喻机制,在语用因素的外力推动下句法结构得到重新分析,实现了"极"的实词虚化,即经过语法化引申为达到极致,作表程度极高的程度副词。如《楚辞·天问》中的"洪水<u>极</u>深,何以填之"以及《史记·酷吏列传》中的"<u>极</u>知禹无害"。"极"在这两句中无客观对比对象和限定范围,独立地表程度,呈主观色彩,不用于比字句,表程度极高,是主观极量级程度副词。

"为"的本义是"做"。如:

(181) 王使人<u>为</u>冠。——《战国策·齐策四》

"为"也可表判断,相当于现代汉语的"是"。如:

(182) 尔<u>为</u>尔,我<u>为</u>我。——《孟子·公孙丑上》

　　石毓智（2001）和旷书文（2005）提到，"是"作判断动词用法的出现，是其虚化过程中最为关键的阶段。"为"亦是如此。

　　"极"和"为"连用，较早出现在东汉时期。如：

　　（183）王阳虽儒生，自寒贱，然好车马衣服，<u>极为</u>鲜好，而无金银文绣之物。——《汉书·风俗演义》

　　例（183）中"极为鲜好"的主语为有生命力的自然人——"王阳"。"极为鲜好"前边有动词短语"好车马衣服"，后有动词短语"无金银文绣之物"。第一个"好"为动词，"无"也为动词，因此"极为鲜好"中的"极"应译为动词，表"达到极点"之义。"极为鲜好"应划分为"极/为/鲜好"。"为"在此语义相较于"极"和"鲜好"而言较弱。

　　根据常志伟（2014）所述，只有当"极其"前的主语为有生命的植物或无生命的事物时，"极"的动词性与"其"的指代性才消失，"极其"才融合为一个副词。"极为"亦是如此。如：

　　（184）家业富盛，性又华侈，衣被服饰，<u>极为</u>奢丽。——《南齐书·褚炫传》

　　例（184）中的主语分别是"家业""性""衣被服饰"。谓语中心语分别为形容词"富盛""华侈""奢丽"，这些词是对主语的描述。"极为"的主语为无生命的事物——"衣被服饰"。"极"的动词性由此消失。"极"和"为"逐渐融合固化，完成语法化和词汇化的过程。这一融合固化主要受以下几个因素的影响：一是"为"的语义弱化，魏晋以来双音节得到了发展（旷书义（2005））；二是"2＋2"音节在汉语中是最自然且最有优势的音节（呼叙利（2007））；三是"极"作程度副词、表程度极高；四是"极为"后带成分具有了抽象性，"极"和"为"便逐渐融合固化，完成了语法化和词汇化过程。

　　例（184）中的"极为奢丽"，重点在抽象性成分"奢丽"。根据太田辰夫（1987）所说，当表义重心后移，"为"弱化为后缀。"极"与"为"由此融合固化为一个词，主观表程度极高，无对比，是主观极量级程度副词。"极为奢丽"在此应划分为"极为/奢丽"。

　　"极"作动词的"极＋为＋X"，伴随着"为"语义弱化，以及表义重心后移至"X"，"极＋为＋X"转变为"极为＋X"。"极为"由此凝固为一个词，完成了语法化和词汇化的演变过程，表程度极高，作主观极量级程度副词。"甚为""深为"的演变受"极为"演变的影响，"为"作为词缀与主观高量级程度副词"甚""深"组合，形成双音节主观高量级程度副词。

在语法功能上，主观高量级程度副词“甚为”“深为”主要作状语修饰双音节性质形容词和心理动词短语。如：

(185) 吾家世文章，甚为典正，不从流俗。——《颜氏家训·文章》
(186) 邈以将军之取鄗州，甚为不宜也。——《华阳国志》
(187) 深为忧叹。——《世说新语·识鉴》

例(185)、例(186)中的“甚为”作状语修饰双音节性质形容词短语“典正”“不宜”；例(187)中的“深为”作状语修饰双音节心理动词短语“忧叹”。

中古时期的双音节主观高量级程度副词中，使用频率最高的“甚为”还出现了与主观高量级程度副词“大”连用的情况，如：

(188) 卿此一言。甚为大善。——《佛本行集经》

例(188)中的“甚为”与“大”连用，作状语修饰单音节性质形容词“善”。

不胜

根据Langacker结构层次变化理论，结构层次的变化有三种，分别是：取消分界(boundary loss)、改变分界(boundary shift)和增加分界(boundary creation)。“不胜”是通过改变分界(boundary shift)，由状中短语转化为程度副词的。

《说文解字》中有云：“胜，任也。”“胜”的本义是力能担任，经得起。如：

(189) 枝大本小，将不胜春风。——《韩非子·扬权》

例(189)中的“不胜”是指不能经得起、不能承受。“胜”在此作动词，宾语是名词“春风”。“不胜”在此应划分为“不/胜”，即状中短语。

“胜”由本义可引申为“尽”。如：

(190) 不违农时，谷不可胜食也。——《孟子·梁惠王上》

例(190)中的“胜”是指“尽”，“不可胜食”是指吃不尽、吃不完。“不”与“胜”之间有能愿动词“可”，“不可胜”表“不尽”的意思。动词“食”置于“不可胜”之后。又如：

(191) 孔墨之后学显于天下者众矣，不可胜数。——《吕氏春秋·当染》

例（191）中"不可胜"表"不尽"之义，动词"数"置于后。

"不"与"胜"也可不用"可"连接，直接连用表"不尽"的意思。如：

（192）使民如将不胜，万民怨怨。——《晏子春秋》（第七卷）

例（192）中的"不胜"表"不尽"之义，其划分应为"不/胜"。根据韩新华（2012）所述，"不胜"含有"不尽、不完"之义，即含有量多、量大之义。因此"不胜"隐含着［＋大］的语义特征。"不胜"以此语义特征作为语义基础，伴随其后带成分的抽象化和表义重心的后移，引申为程度副词。如：

（193）臣不胜欢喜。——《南齐书·王融传》

例（193）中的"不胜"义为"很、非常"，表程度高。"不胜"无客观对比对象和限定范围，独立地表程度，呈主观色彩，不用于比字句，是主观高量级程度副词。

在语法功能上，主观高量级程度副词"不胜"可作状语修饰双音节性质形容词短语，如例（193）中的"不胜"修饰"欢喜"；"不胜"也可以作状语修饰双音节心理动词短语，如例（194）中的"不胜"修饰"愤怒"。受汉语"2＋2"音节逐渐呈优越态势的影响，"不胜"为双音节词，其修饰成分也多为双音节成分。

（194）班亲属不胜愤怒，与太祖并势，共杀匡。——《三国志·魏书·武帝纪》

"不胜"作为程度副词，例（193）中的"不胜欢喜"应划分为"不胜/欢喜"，例（194）中的"不胜愤怒"应划分为"不胜/愤怒"，与表"胜"本义的例（189）中的"不/胜/春风"不同。通过改变分界，"不胜"由状中短语词汇转化为程度副词。纵观"不胜"词义演变的过程，我们可以看到，其转变为程度副词的基础在于"不胜"隐含有［＋大］的语义特征，其转变的关键因素（必要条件）是其后带成分的抽象化、主观化。"不胜"在现代汉语中亦是如此。当"不胜"后带成分为表动作行为的动词时，"不胜"表"不尽、不完"之义，如"数不胜数""美不胜收"。当"不胜"后带成分为抽象化的心理动词时，"不胜"作程度副词，表"很、非常"之义，如"不胜感激"和"不胜遗憾"①。

二、使用频率和语义特征及语法化

参照张家合（2017：56－57）的统计，即根据表3－1，我们可以看到，在中古时

---

① 参见《现代汉语词典》（第7版）第111页。

期，汉语主观高量级程度副词使用频率最高的仍然是沿用上古时期的"甚"和"大"。新兴主观高量级程度副词中，使用频率最高的是"颇₁"。从使用频率上看，中古汉语主要沿用上古时期的主观高量级程度副词。双音节形式的使用频率不及单音节形式。结合表2－1和表3－1，"深"作为主观高量级程度副词较上古时期的使用频率有所增加，且出现了双音节形式"深为"。从数量上看，与主观极量级和超量级程度副词相比，新兴的主观高量级程度副词较多。由此可见，主观高量级程度副词在语义上更易磨损，在主观高量级范畴的表达上人们更有求新意识。

表3－1　中古汉语主观高量级程度副词的使用频率

	甚（孔）	大	颇₁	深	良	殊	特
数量	2444	1648	423	215	165	122	69
占比	44.75%	30.17%	7.74%	3.94%	3.02%	2.23%	1.26%
	何	雅	盛	笃	何其	甚为	偏
数量	57	47	47	37	35	31	25
占比	1.04%	0.86%	0.86%	0.68%	0.64%	0.57%	0.46%
	正	差₁	一何	精	酷	不胜	奇
数量	20	19	13	11	11	8	7
占比	0.37%	0.35%	0.24%	0.2%	0.2%	0.15%	0.13%
	丕	深为	重	合计			
数量	4	2	2	5462			
占比	0.07%	0.04%	0.04%	100%			

表3－2　中古汉语新兴主观高量级程度副词的语义特征

	＋正	＋不正	＋大	＋特异	＋超出/过	＋好	＋怎么
颇₁		√					
特				√	√		
雅	√						
笃			√				
正	√						
差₁		√					
精						√	

（续上表）

	+正	+不正	+大	+特异	+超出/过	+好	+怎么
酷			√				
奇				√	√		
不胜			√				
何							√

根据表3－2并结合表2－2，我们可以看到，中古时期的主观高量级程度副词是以语义特征［＋过分］［＋大］［＋正］［－正］［＋特异］［＋超过/出］［＋好］［＋怎么］作为语义基础的。这些语义特征与上古时期大致一致，但增加了以语义特征［－正］作为语义基础的词。［＋正］与［－正］正好是一对反义词。新兴的单音节主观高量级程度副词中，以语义特征［＋正］或［－正］作为语义基础的词最多，占比达40%。上古时期则是以语义特征［＋大］作为语义基础的词占比最高。中古时期使用频率最高的主观高量级程度副词仍然以语义特征［＋过分］［＋大］作为语义基础。与上古时期相似，中古时期的主观高量级程度副词中，除"大"以外，其他以语义特征［＋大］作为语义基础的词，其使用频率不高。其中以语义特征［＋大］作为语义基础的"祁"，在中古时期不再作为主观高量级程度副词使用。

在语法化进程中，中古新兴主观高量级程度副词与上古时期一致，以语义特征为基础条件，伴随后带成分的抽象化和表义重心的后移，转化为程度副词。其中后带成分的抽象化是关键，即主观化是语法化的基础。如例（189）中"不胜"的后带成分为名词"春风"，其主观性、抽象性较弱，因此"不胜"在此不可能虚化为程度副词。例（193）、例（194）中"不胜"后带成分为"欢喜"和"愤怒"，具有较强的主观性和抽象性，因此"不胜"能虚化为程度副词。

三、组合搭配功能和句法功能

与上古时期相似，使用频率高的主观高量级程度副词的组合搭配功能较为丰富；使用频率低的往往只能修饰具有明显量性特征的性质形容词或心理动词。在中古时期，使用频率高的主观高量级程度副词还出现了修饰比似动词、介宾结构的组合搭配新现象。以使用频率最高的"甚"为例。如：

（195）综形貌举止，<u>甚</u>似昏主。——《洛阳伽蓝记·城东·明悬尼寺》
（196）为将佐十余年，清谨刚正，<u>甚</u>为高祖所知赏。——《宋书·吉翰传》

例（195）中的主观高量级程度副词"甚"修饰比似动词"似"。例（196）中的

"甚"修饰介宾结构"为高祖"。

中古时期，使用频率最高的新兴主观高量级程度副词"颇₁"也能修饰比似动词和介宾结构，如例（135）和例（137）。

在组合搭配上，双音节主观高量级程度副词的搭配对象多为双音节词，这是受"2+2"音节在汉语中是最自然且最有优势的影响。如例（185）中的"甚为"修饰"典正"，例（187）中的"深为"修饰"忧叹"，例（193）中的"不胜"修饰"欢喜"。

在连用上，除了上文提到的"甚为"与"大"的连用，主观高量级程度副词"甚"和"殊"依然存在与同为主观高量级程度副词的"大"连用的情况，如例（197）。另外还出现了"大"与"甚"连用，如例（198）。

（197）称适我心，称适我意，<u>甚大</u>欢喜。——《佛本行集经》
（198）若设美饭以毒著中，色<u>大甚</u>好而香。——《道行般若经》

此外，在中古时期，主观高量级程度副词"大"和"甚"还出现了与主观极量级程度副词"极"连用的情况。如例（199）中的"极大"和例（200）中的"极甚"。

（199）尔时提婆达多，<u>极大</u>愚痴，骄慢嫉妒。——《撰集百缘经》
（200）而彼夫人。生一太子。<u>极甚</u>端正。——《佛本行集经》

虽然"极大""极甚"①未必已凝固为一个词，但"极大""极甚"修饰的成分均为双音节词。如例（199）中的"极大"修饰"愚痴"，例（200）中的"极甚"修饰"端正"。这不同于上古时期主观高量级程度副词"甚""殊"分别与同为主观高量级程度副词的"大"连用。例（21）中的"甚大"修饰的是单音节词"动"；例（45）中的"殊大"修饰的成分是单音节词"惊"。由此再次力证了中古时期汉语"2+2"音节逐渐呈现出的优越态势。

在句法功能上，主观高量级程度副词可以作状语，常置于谓语成分中。如例（174）中的"家<u>酷</u>贫"，主观高量级程度副词"酷"作状语处于谓语成分中。

随着中古时期结果补语的出现，主观高量级程度副词也可作状语置于补语成分中。如：

（201）使者征摄<u>甚</u>急。——《世说新语·方正》

---

① 连用出现的次数不多，因此未必凝固为一个词。

例（201）中的主观高量级程度副词"甚"用作状语，位于补语成分中。

另外，杨荣祥（2004：44）提到，《世说新语·二七·13》中有"比至入庭，倾身引望，语笑欢甚"一句。其中"欢甚"中的"甚"可理解为程度高，但仍可用"甚"的实词义"厉害"进行解释[①]，因此此处的"甚"不应视为程度补语。而且蒋绍愚（1999）认为，中古时期结果补语才产生，这一时期不可能产生程度补语。

受结果补语在中古时期发展的影响，学者对于中古时期程度副词能否置后作补语这一情况出现了分歧。由于可视为程度副词作补语这一情况的例句中，"程度副词"仍可采用其实词义进行解释，因此我们认为中古时期的程度副词不能后置作补语。然而这一分歧的出现，无疑为后期程度副词作补语奠下了基础。

四、小结

从使用情况上看，中古汉语主要沿用上古时期的主观高量级程度副词。使用频率最高的仍然是"甚"和"大"。新兴主观高量级程度副词中，使用频率最高的是"颇₁"。双音节形式的使用频率不及单音节形式。从数量上看，新兴的主观高量级程度副词较多。由此可见，主观高量级程度副词在语义上容易磨损。在主观高量级范畴的表达上，人们很有求新意识。

中古时期的主观高量级程度副词与上古时期大致一致，是以语义特征［＋过分］［＋大］［＋正］［＋特异］［＋好］［＋怎么］等作为语义基础，但增加了以语义特征［－正］作为语义基础的词。［＋正］与［－正］正好是一对反义词。新兴的单音节主观高量级程度副词中，以语义特征［＋正］或［－正］作为语义基础的词最多，占比40%。上古时期则是以语义特征［＋大］作为语义基础的词占比最高。与上古时期相似，中古时期的主观高量级程度副词中，除了"大"以外，其他以语义特征［＋大］作为语义基础的词，使用频率均不高。其中以语义特征［＋大］作为语义基础的"祁"，在中古时期不再作为主观高量级程度副词使用。

与上古时期相似，使用频率高的主观高量级程度副词的组合搭配功能较为丰富；使用频率低的往往只能修饰具有明显量性特征的性质形容词或心理动词。在中古时期，使用频率高的主观高量级程度副词还出现了修饰比似动词和介宾结构的组合搭配新现象。双音节主观高量级程度副词的搭配对象多为双音节词，这是受"2＋2"音节在汉语中是最自然且最有优势的音节的影响。

在连用上，主观高量级程度副词"甚"和"殊"依然存在与同为主观高量级程度副词"大"连用的情况。另外还出现了"甚为"与"大"的连用，"大"与"甚"的连用。同时，主观高量级程度副词"大"和"甚"还出现了与主观极量级程度副词连用的情况。

---

① 详见第二章。

在句法功能上，主观高量级程度副词可以作状语，大多置于谓语成分中；随着中古时期结果补语的出现，主观高量级程度副词也可作状语用于补语成分中；在中古时期，主观高量级程度副词不能作补语。

第二节　中古汉语客观高量级程度副词研究

一、中古时期新兴的客观高量级程度副词

依照第一章第五节对客观高量级程度副词的界定，参照前人对表程度加深的"更"类词的划分以及相关古代汉语字典、词典对于这些词的释义，中古时期新兴的客观高量级程度副词有：倍、转。具体阐释如下。

倍
根据《说文解字》，"倍，反也"。"倍"的本义是背反、背向。如：

（202）兵法右倍山陵，前左水泽。——《史记·淮阴侯列传》

例（202）中的"倍"作动词，表"背向"之义。宾语为名词"山陵"。
"倍"可引申为背叛、背弃。如：

（203）上恤孤而民不倍。——《大学》

例（203）中的"倍"作动词，表"背叛"之义。
根据段注的解释，倍，"引申之为加倍之倍，以反者覆也，覆之则有二面，故二之曰倍"。由此，"倍"引申为"加倍"之义，用作副词。如：

（204）事已，皆各以其贾倍偿之。——《墨子·号令》

例（204）中的"倍"作副词，修饰动作动词"偿"。
"倍"以引申义"加倍"中含有［＋增加］的语义特征作为语义基础，伴随后带成分的抽象化和语义重心的后移，引申为程度副词，表程度的加深。如：

（205）怀文屡经犯忤，至此上倍不说。——《宋书·沈怀文传》

68

例（205）中的"倍"作程度副词，表程度的加深，是客观高量级程度副词。

在语法功能上，"倍"作客观高量级程度副词，可作状语修饰性质形容词（词组），如例（205）中的"倍"修饰"不说"；"倍"也可作状语修饰心理动词（词组），如例（206）中的"倍"修饰"敬重"；"倍"还可作状语修饰能愿动词词组，如例（207）中的"倍"修饰"须训诱"。

（206）元帝嗟叹，以此倍敬重焉。——《宋书·外戚传》

（207）因此天机，倍须训诱。——《颜氏家训·勉学》

转

根据《说文解字》，"转，运也"。"转"的本义是移动、转运。如：

（208）我心匪石，不可转也。——《诗经·邶风·柏舟》

例（208）中的"转"作动词，表"移动"之义。

（209）盗多，皆以戍漕转作事苦，赋税大也。——《史记·秦始皇本纪》

例（209）中的"转"作动词，表"转运"之义。

根据段注的解释，"运者，复也。复者，往来也"，由此，"转"可引申为"辗转"。如：

（210）京师转相放效。——《后汉书·本纪·灵帝纪》

例（210）中的"转"作动词，表"辗转"之义。

"转"又可引申为"转变"之义。如：

（211）法与时转而治。——《韩非子·心度》

例（211）中的"转"作动词，表"转变"之义。

"转"又由此引申为"反而"，作副词。如：

（212）将安将乐，女转弃之。——《诗经·小雅·谷风》

例（212）中的"转"作副词，表"反而"之义，修饰动词"弃"。

由于"转"含有"运"之义，"运"含有"复"之义。"复者，往来也。""往来"隐含次数"增加"之义。"转"的引申义"转变"含有［＋改变］的语义特征。"转"以［＋改变］［＋增加］的语义特征作为语义基础，伴随后带成分的抽象化和表义重心的后移，引申为程度副词。如：

（213）每进一步，而去死**转**近。——《抱朴子·内篇·勤求》

例（213）中的"转"作程度副词，表程度的加深，是客观高量级程度副词。

在语法功能上，"转"作客观高量级程度副词，可作状语修饰单音节性质形容词，如例（213）中的"转"修饰"近"；"转"也可作状语修饰单音节心理动词，如例（214）中的"转"修饰"觉"。

（214）气力渐衰损，**转**觉日不如。——《陶渊明集·杂诗十二首》

受中古时期汉语双音节发展的影响，中古新兴的客观高量级程度副词也出现了双音节形式，如：尤为、更为。具体分析如下。

尤为、更为

"尤为""更为"由客观高量级程度副词"尤""更"和词缀"为"组成。其来源与"极为""甚为""深为"等相似，在此不再赘述。"尤为""更为"表程度的加深，是客观高量级程度副词。

在语法功能上，客观高量级程度副词"尤为""更为"可作状语修饰性质形容词，如例（215）中的"尤为"修饰"剧"，例（216）中的"更为"修饰"节俭"。

（215）京兆典京师，长安中浩穰，于三辅**尤为**剧。——《汉书·张敞传》
（216）冀观览者将一晓解，约葬**更为**节俭。——《论衡·卷二十·论死篇第六十二》

二、使用频率和语义特征及语法化

表3－3　中古汉语客观高量级程度副词的使用频率

	尤	益	弥	更	愈	倍
数量	379	308	260	213	202	134
占比	22.57%	18.34%	15.49%	12.69%	12.03%	7.98%

（续上表）

	尤	益	弥	更	愈	倍
数量	105	65	8	3	2	1679
占比	6.25%	3.87%	0.48%	0.18%	0.12%	100%

参照张家合（2017：68）的统计，即根据表3-3，在中古时期的大量语料中，使用频率最高的客观高量级程度副词是"尤"，其次是"益""弥""更""愈"。单音节中"加"的使用频率最低。"兄"不再作为客观高量级程度副词使用。结合表2-4，我们可以看到，"愈""滋""加"的使用频率明显下降。"尤""更"的使用频率明显增加。"益"的使用频率赶超"弥"。这是由于上古时期，"益"的组合搭配对象比"弥"丰富，这为其使用频率在中古时期赶超"弥"奠定了基础。

中古时期新兴的单音节客观高量级程度副词都含有［+增加］的语义特征。其中"转"还含有［+改变］的语义特征，与上古时期部分客观高量级程度副词含有的语义特征一致。

中古时期新兴的客观高量级程度副词的语法化过程与上古时期一致，皆是以语义特征为基础条件，伴随后带成分的抽象化和表义重心的后移虚化而来。也就是说主观化是语法化的基础。如例（202）中"倍"的后带成分为名词"山陵"，例（204）中"倍"的后带成分为动作性动词"偿"，其抽象性、主观性不强，因此"倍"在例（202）和例（204）中不可能虚化为程度副词。当后带成分为主观性、抽象性较强的性质形容词词组时，如例（205）中的"不说（悦）"，"倍"虚化为程度副词。同样，例（212）中的"转弃之"，"弃"为动作动词，主观性、抽象性弱，因此"转"在此没有虚化为程度副词。在例（213）中，"转"修饰性质形容词"近"。由于"近"具有较强的主观性、抽象性，因此"转"在此虚化为程度副词。

三、组合搭配功能和句法功能

中古时期，客观高量级程度副词的组合搭配对象有了发展。与主观高量级程度副词相似，客观高量级程度副词都出现了修饰比拟动词和介宾结构的组合搭配的新现象，但往往只有使用频率高的客观高量级程度副词才出现。如：

（217）及就，尤类帝王。——《魏书·卷二十一》

例（217）中的客观高量级程度副词"尤"修饰比似动词"类"。

（218）触类兼善，又有巧思，益为太祖所知。——《宋书·张永传》

71

例（218）中的客观高量级程度副词"益"修饰介宾结构"为太祖"。

由此可见，中古时期的客观高量级程度副词与上古时期相似，使用频率高，则组合搭配能力强。中古时期使用频率最高的客观高量级程度副词"尤"，还出现了与能愿动词（短语）、"有+名"结构搭配的新现象。如：

（219）大异并见，<u>尤</u>宜诛讨不忠，以遏未然。——《汉书·王商传》

例（219）中的客观高量级程度副词"尤"修饰能愿动词"宜"。

（220）进趋<u>尤</u>有不达者焉。——《抱朴子·内篇·论仙》

例（220）中的客观高量级程度副词"尤"修饰"有+名"结构"有不达者"。

在句法功能上，客观高量级程度副词往往作状语位于谓语成分中，如例（217）中的"<u>尤</u>类帝王"。"尤"作状语修饰"类"，"尤类帝王"在句中作谓语。随着中古时期结果补语的出现，客观高量级程度副词也可作状语用于补语成分中。如：

（221）丧家朔望，哀感<u>弥</u>深。——《颜氏家训·风操》

例（221）中的客观高量级程度副词"弥"用作状语位于补语成分中，但中古时期的客观高量级程度副词不能作补语。

在连用上，中古时期的客观高量级程度副词出现了较多的连用现象。如：

（222）帝<u>愈益</u>悲感，为诗作曰："是耶？非耶？"——《搜神记》

（223）魔见三女还，皆成老母，<u>益大</u>忿怒。——《修行本起经》

（224）到下古<u>尤益</u>剧，小有欲上书言事，自达于帝王者，比近持其命者辄杀之。——《太平经》

（225）此形神殊别，明暗不同，<u>兹益</u>昭显也。——《全梁文》

例（222）至例（225）出现的连用现象在上古时期已经存在。其中例（222）中的客观高量级程度副词"愈"和"益"连用，修饰心理动词词组"悲感"。例（223）中的客观高量级程度副词"益"与主观高量级程度副词"大"连用，修饰心理动词"忿怒"。例（224）中的客观高量级程度副词"尤"与"益"连用，修饰单音节性质形容词"剧"。例（225）中的客观高量级程度副词"兹"和"益"连用，修饰性质形容词词组"昭显"。

中古时期新增的现象有：

客观高量级程度副词"益"与同为客观高量级程度副词的"更""加"的连用。如：

（226）敷益更感恸，绝而复续。——《宋书·张敷传》
（227）贫贱者益加敬。——《汉书·韦贤传》

例（226）中的客观高量级程度副词"益"和"更"连用，修饰心理动词（词组）"感恸"。例（227）中的客观高量级程度副词"益"和"加"连用，修饰心理动词"敬"。

另外客观高量级程度副词"益"还存在与"稍"和"复"的连用现象。如：

（228）而国家数堤塞之，稍益高于平地。——《汉书·沟洫志》
（229）神言益复悲楚，未知吉凶，故自恐在恶伍之部。——《太平经》

例（228）中的客观高量级程度副词"益"和"稍"连用，修饰单音节性质形容词"高"。例（229）中的客观高量级程度副词"益"和"复"连用，修饰性质形容词词组"悲楚"。

在此值得一提的是，"稍"在中古时期用作程度副词，表低量。如《汉书·沟洫志》中有"行疾则自刮除成空而稍深"，其中的"稍"作程度副词，表"稍微"之义。根据《说文解字》的解释，"稍，出物有渐也"。段注："稍之言小也、少也，凡古言稍稍者皆渐进之谓。""稍"以［＋小］的语义特征作为语义基础，与"大"相反。含［＋大］的语义特征的引申为高量级程度副词，因此含［＋小］的语义特征的则引申为低量级程度副词。然而根据《广雅·释诂》，"稍，尽也"。如《左传·昭公十年》中的"子尾多受邑而稍致诸君"。"稍"在此表"尽"之义。由此可引申表"很、甚"之义。如《史记·平津侯主父列传》中的"彼人人喜得所愿，上以德施，实分其国，不削而稍弱矣"。"稍"在此表"很、甚"之义，可视为表主观高量，但后世这一用法已消失。在中古时期，由于受"稍"可表高量的影响，"益"可以与"稍"连用，表高量，并通过连用凸显高量。

根据《说文解字》的解释，"复，往来也"。《尔雅·释言》："复，返也。"根据段注的解释，"返，还也"。因此"复"的本义是返回，还。如《左传·桓公五年》中的"度其国危，遂不复"。"复"在此是返回之义，引申为副词，表"又"之义。如陶渊明《读山海经》中的"不老复不死，万岁如平常。"客观高量级程度副词"更"也引申有"再、又"之义，并受其影响而引申表客观高量。因此"复"也可与客观高量级程度副词连用，以凸显高量。根据张家合（2017）的解释，"复"在此可视为词缀。

客观高量级程度副词"更"可与客观高量级程度副词"倍""加""益""愈"连用，同时也可与"稍""复"连用，是中古时期连用现象最多的客观高量级程度副词。具体如下：

（230）<u>更倍</u>发热，……热在里。——《金匮要略方论》（第二十一）
（231）诸有百疾之在目者皆愈，而<u>更加</u>精明倍常也。——《抱朴子内篇·杂应》
（232）不作异色，<u>更益</u>光显。——《佛本行集经》
（233）欲令灭而<u>更愈</u>明。——《三国志·魏书·方技传》
（234）然乌丸、鲜卑<u>稍更</u>强盛。——《三国志·魏书·乌丸东夷传》
（235）既识知己，<u>更复</u>欢喜。——《佛本行集经》

例（230）中的客观高量级程度副词"更"和"倍"连用，修饰含形容词的词组"发热"。例（231）中的客观高量级程度副词"更"和"加"连用，修饰性质形容词（词组）"精明"。例（232）中的客观高量级程度副词"更"和"益"连用，修饰性质形容词词组"光显"。例（233）中的客观高量级程度副词"更"和"愈"连用，修饰性质形容词"明"。例（234）中的客观高量级程度副词"更"和"稍"连用，修饰性质形容词"强盛"。例（235）中的客观高量级程度副词"更"和"复"连用，修饰性质形容词"欢喜"。

客观高量级程度副词"愈"可以和客观高量级程度副词"加"、主观高量级程度副词"甚"连用。如：

（236）上闻之，<u>愈加</u>惋惜。——《南齐书·萧赤斧传》
（237）抱薪救火，<u>愈甚</u>亡益也。——《汉书·董仲舒传》

例（236）中的客观高量级程度副词"愈"和"加"连用，修饰心理动词（词组）"惋惜"。例（237）中的客观高量级程度副词"愈"和主观高量级程度副词"甚"连用，修饰性质形容词词组"亡益"。

客观高量级程度副词"倍"可以和客观高量级程度副词"加""更""益"以及主观高量级程度副词"甚"以及"复"连用。具体如下：

（238）王闻语已生欢喜之心，<u>倍加</u>恭敬作礼而去。——《阿育王传》
（239）行见沙门，<u>倍更</u>忧思。——《修行本起经》
（240）其福<u>倍益</u>多，何以故？——《道行般若经》
（241）若有人自学般若波罗蜜解中慧，其福<u>甚倍</u>多。——《道行般若经》
（242）王时即语以水洗口，口<u>倍复</u>香。——《阿育王传》

例（238）中的客观高量级程度副词"倍"和"加"连用，修饰性质形容词"恭敬"。例（239）中的客观高量级程度副词"倍"和"更"连用，修饰心理动词词组"忧思"。例（240）中的客观高量级程度副词"倍"和"益"连用，修饰单音节性质形容词"多"。例（242）中的客观高量级程度副词"倍"和主观高量级程度副词"甚"连用，修饰单音节性质形容词"多"。例（241）中的客观高量级程度副词"倍"和"复"连用，修饰单音节性质形容词"香"。

客观高量级程度副词"转"可以和客观高量级程度副词"倍""更"连用。具体如下：

（243）其福转倍多。——《般舟三昧经》

（244）象走转更疾。——《大庄严论经》

例（243）中的客观高量级程度副词"转"和"倍"连用，修饰单音节性质形容词"多"。例（244）中的客观高量级程度副词"转"和"更"连用，修饰单音节性质形容词"疾"。

另外，使用频率较高的客观高量级程度副词"弥"可以和"复"连用，客观高量级程度副词"尤"可以和同为客观高量级程度副词的"加"连用，也可和主观极量级程度副词"绝"[①]连用。具体如下：

（245）而文无差别，弥复增疑。——《南齐书·文惠太子传》

（246）于是笃信之心，尤加恭肃。——《抱朴子内篇·勤求》

（247）色变青黑，味尤绝美。——《齐民要术·桔》

例（245）中的客观高量级程度副词"弥"和"复"连用，修饰含性状义的动词词组"增疑"。例（246）中的客观高量级程度副词"尤"和"加"连用，修饰性质形容词词组"恭肃"。例（247）中的客观高量级程度副词"尤"与主观极量级程度副词"绝"连用，修饰单音节性质形容词"美"。

由此可见，单音节客观高量级程度副词都出现了连用现象。连用现象的出现，说明客观高量级程度副词在使用过程中语义容易磨损。连用后其修饰对象为双音节词的现象较上古时期有了明显的增加，这是汉语"2+2"音节优势态势的体现。

四、小结

从使用情况上看，中古汉语主要沿用上古时期的客观高量级程度副词。使用频率最高的是"尤"，这与上古时期不同。"益"在中古时期的使用频率赶超"弥"。新兴

[①] "绝"用作主观极量级程度副词，参见欧苏婧（2021）。

的单音节客观高量级程度副词是"倍"和"转",双音节为"尤为"和"更为"。其中,"兄"不再作为客观高量级程度副词使用。客观高量级程度副词"加"在中古时期的使用频率明显下降。从数量上看,新兴的客观高量级程度副词不多。

中古时期新兴的单音节客观高量级程度副词是以语义特征［＋增加］［＋改变］作为语义基础,且以［＋增加］居多,与上古时期一致。其中以语义特征［＋增加］作为语义基础的"兄",在上古时期使用频率不高,在中古时期不再作为客观高量级程度副词使用。

与上古时期相似,使用频率高的客观高量级程度副词的组合搭配功能较为丰富,使用频率低的往往只能修饰具有明显量性特征的性质形容词或心理动词。在中古时期,使用频率高的客观高量级程度副词还出现了修饰比似动词和介宾结构的组合搭配新现象。

在连用上,单音节客观高量级程度副词基本上都出现了连用的情况。另外"愈"和"倍"还出现了与主观高量级程度副词"甚"连用的情形。"益"和"更"出现了与"稍"连用的现象。"益""更""倍"出现了与"复"连用的情形。其中"更"的连用现象最多。连用后客观高量级程度副词的修饰对象为双音节词的现象较上古时期有了明显的增加,这是汉语"2＋2"音节呈现出优势发展态势的体现。

在句法功能上,客观高量级程度副词可以作状语,大多置于谓语成分中。随着中古时期结果补语的出现,客观高量级程度副词也可作状语用于补语成分中。但在中古时期,客观高量级程度副词不能作补语。

第三节　对比分析

中古汉语主观高量级程度副词和客观高量级程度副词在演变过程中,既有相似之处,也有不同之处。其相似之处体现在:一是二者在语法化过程中,与上古时期一致,皆是以含有某一类语义特征为语义基础,通过隐喻机制,伴随后带成分的抽象化以及语义重心的后移,又加之语用因素在临界状态的外力推动作用,实词虚化为高量级程度副词。二是在中古时期二者出现了新的组合搭配对象——比似动词和介宾结构。三是在句法功能上,两者都可作状语,大多位于谓语成分中。随着中古时期结果补语的出现,两者还可作状语用于补语成分中。四是在中古时期二者仍然都出现了连用现象。五是在中古时期两者都有新兴成员,同时也有消亡、不再使用的成员。新兴成员的出现是人们对主观高量表达求新意识的体现。消亡现象的出现体现了语言的经济原则,因为大量同类同义词的并存会给语言交际带来困扰。

中古汉语主观与客观高量级程度副词在演变过程中的不同之处主要体现在：一是主要含有的语义特征不同。主观高量级程度副词以含有［＋正］［－正］的语义特征居多；客观高量级程度副词以含有［＋增加］的语义特征居多。这是由于二者在表义上不同，其具体的隐喻过程不同。二是在连用上，客观高量级程度副词连用现象相较于主观高量级程度副词而言较多。单音节客观高量级程度副词都出现了连用现象，有的还出现了与"稍""复"的连用情况。三是主观高量级程度副词的新兴成员的数量比客观高量级程度副词多很多。这是由于主观高量级程度副词的主观性比客观高量级程度副词强，人们在表达主观高量时，对主观高量级程度副词有更多的求新意识。

第四章　近代汉语主观与客观高量级程度副词的对比研究

第一节　近代汉语主观高量级程度副词研究

一、近代新兴的主观高量级程度副词

依照第一章第五节对主观高量级程度副词的界定，参照前人对表程度高的"甚"类词的划分以及相关古代汉语字典、词典对于这些词的释义，近代新兴的主观高量级程度副词有：甚是、甚生、大为、大是、大段、大故、好、好不、好生、好是、十分、万分、万千、万般、煞、煞是、很、颇为、怪、生、老、老大、何等、多少₁、多、多么、非常、异常、挺、蛮。具体阐释如下。

甚是、甚生

"甚是"与"极是"词汇化、语法化进程相似。我们以更具有典型性的"极是"为例。

"极是"与"极为"的词汇化、语法化过程相似。

根据《说文解字》的解释，"是"的本义是直。如：

（248）濡其首，有孚失<u>是</u>。——《周易·未济》

"是"还可以表正确，作指示代词，表"此"之义。根据旷书文（2005）所提，"是"的义项较为简单，且用作判断动词是其主要用法。如：

（249）襄子曰："此必是豫让也。"——《史记·刺客列传》

"极"和"是"连用，明清比较常见。如：

（250）人物飘逸，<u>极是</u>个轻浮狂诈的人。——《金瓶梅词话》（第十七回）

例（250）中的"极"是主观极量级程度副词，"是"在此作判断动词。宾语是具体事物名词"人"。"人"的定语为具有抽象意义的形容词词组"轻浮狂诈"。

根据石毓智（2001）和旷书文（2005）所述，"是"作判断动词，是其虚化过程的关键阶段。根据呼叙利（2007）所提，"2＋2"音节在汉语里是最自然和具优势的音节组合。受汉语双音节的发展，当"极"与"是"连用，伴随后带成分的抽象化，"是"的语义弱化，与"极"融合为程度副词"极是"。如：

（251）他是额外之人，四方显化，<u>极是</u>灵验。——《水浒传》（第一回）

例（251）中的"极是"义为"极"，表程度极高。"极是"无客观对比对象和限定范围，独立地表程度，呈主观色彩，不用于比字句，是主观极量级程度副词。

在语法功能上，主观极量级程度副词"极是"可作状语修饰性质形容词或形容词词组，如例（251）中的"极是"修饰"灵验"；"极是"也可作状语修饰心理动词或词组，如例（252）中的"极是"修饰"爱惜"。

（252）爹妈平日将我<u>极是</u>爱惜。——《醒世恒言》（第二十八卷）

"为"的义项较多，而"是"的义项较少，且以作判断动词为主。因此到了近代，主观极量级程度副词"极是"比"极为"出现的频率高。

"甚是"与"极是"词汇化、语法化进程相似。当"甚"与"是"连用，伴随后带成分的抽象化，"是"的语义弱化，与"甚"融合为程度副词"甚是"。如：

（253）乃见一孩儿，十相具足，<u>甚是</u>端严。——《敦煌变文集·太子成道经》

例（253）中的"甚是"表程度高。"甚是"无客观对比对象和限定范围，独立地表程度，呈主观色彩，不用于比字句，是主观高量级程度副词。

在语法功能上，主观高量级程度副词"甚是"可作状语修饰性质形容词或形容词词组，如例（253）中的"甚是"修饰"端严"；"甚是"也可作状语修饰心理动词或动词词组，如例（254）中的"甚是"修饰"过意不去"。

（254）只是一日两回做饭，心中<u>甚是</u>过意不去。——《聊斋俚曲集·蓬莱宴》（第四回）

"甚是"也可写作"甚是的"。如：

（255）亲朋都来举贺，治酒款待，**甚是**的匆忙。——《醒世姻缘传》（二五回）

"为"的义项较多，而"是"的义项较少，且以作判断动词为主。因此到了近代，主观高量级程度副词"甚是"比"甚为"出现的频率高。①

"甚生"由主观高量级程度副词"甚"和"生"组成。

根据《古代汉语词典》（第2版）第1314页的释义，"生"可作副词，表"甚、很"之义。如杜甫《送路六侍御入朝》诗中的"不分桃花红胜锦，**生**憎柳絮白于绵"。"生"也可作助词，如李白《戏赠杜甫》诗中的"借问别来太瘦生，总为从前作诗苦"。《王力古汉语字典》第737页也提到，此类唐诗中的"太瘦生"等，其中的"生"可作语词、语助词。

受此影响，《近代汉语虚词词典》中将"甚生"列为副词，其中"生"为词缀，表程度高。如：

（256）说弥勒菩萨，当在内宫，所现形仪，**甚生**端正。

例（256）中的"甚生"表程度高。"甚生"无客观对比对象和限定范围，独立地表程度，呈主观色彩，不用于比字句，是主观高量级程度副词。

在语法功能上，主观高量级程度副词"甚生"可作状语修饰性质形容词或形容词词组，如例（256）中的"甚生"修饰"端正"。

大为、大是

"大为""大是"作为主观高量级程度副词，其词汇化、语法化过程与"甚为""甚是"相似，在此不再赘述。

在语法功能上，"大为""大是"可作状语修饰性质形容词或形容词词组。如例（257）中的"大为"修饰"不易"，例（258）中的"大是"修饰"不便"；"大为""大是"也可作状语修饰心理动词或含性状义的动词短语，如例（259）中的"大为"修饰"可恨"，例（260）中的"大是"修饰"惊怪"。

（257）君载细小，作此轻行，**大为**不易。——《搜神记》

（258）你看众人这般声势，**大是**不便。——《飞龙全传》（一回）

（259）这贼乘虚取我江西，**大为**可恨。——《英烈传》（三五回）

（260）不准其诉；然却心里**大是**惊怪。——《拍案惊奇》（卷一四）

---

① 参见表4-1。

大段、大故

"大段"最早出现在魏晋南北朝，义指抨酥时所得的大量酥油。如：

（261）接取，作团，与大段同煎矣。——《齐民要术·养羊》

"大段"也可用作形容词，义指重要的、主要的。如：

（262）世事无时是了，且拣大段。——《朱子语类》（卷十三）

根据唐贤清（2002）所述，宋代时"大段"才大量用作程度副词。如：

（263）只是如今如这般人，已是大段好了。——《朱子语类》（卷十三）

例（263）中的"大段"，表程度高。"大段"无客观对比对象和限定范围，独立地表程度，呈主观色彩，不用于比字句，是主观高量级程度副词。

在语法功能上，主观高量级程度副词"大段"可作状语修饰性质形容词或形容词词组，如例（263）中的"大段"修饰"好"；"大段"也可作状语修饰含性状义的动词或动词词组，如例（264）中的"大段"修饰"有力"。

（264）如古人皆用竹简，除非大段有力底人方做得。——《朱子语类》（卷十）

根据唐贤清（2002）所提，"大段"用作程度副词主要出现在《朱子语类》中，宋代以后比较少见。另外唐文还指出，这是由于这一时期像"非常""万分""特别""格外"等双音节程度副词尚未出现，语言出现了不平衡的现象。在现代汉语中，程度副词"大段"已消亡。"大段"在近代用作主观高量级程度副词，显然也受到含有［＋大］语义特征的影响。

"大故"最早出现在先秦，义指重大事故，尤指对国家、社会有重大影响的祸患。如：

（265）凡国之大事，致民；大故，致馀子。——《周礼·地官·小司徒》

根据唐贤清（2003b）所述，"大故"用作程度副词，主要出现在《朱子语类》中。如：

（266）除是大故聪明，见得不是，便翻了。——《朱子语类》（卷九）

例（266）中的"大故"表程度高。"大故"无客观对比对象和限定范围，独立地表程度，呈主观色彩，不用于比字句，是主观高量级程度副词。

在语法功能上，主观高量级程度副词"大故"可作状语修饰性质形容词或形容词词组，如例（266）中的"大故"修饰"聪明"；"大故"也可作状语修饰含性状义的动词（包括心理动词）或动词词组，如例（267）中的"大故"修饰"欢喜"。

（267）想见伏羲做得这个成时，也大故地欢喜。——《朱子语类》（卷六十六）

根据唐贤清（2003b）的论述，"大故"用作程度副词主要出现在《朱子语类》中，在其他作品中非常少见。由此，唐文指出，这一现象是由于此时像"非常""万分""特别""格外"等双音节程度副词尚未出现，语言出现了不平衡的现象。另外这一现象也可视为作者本人的语言风格。在现代汉语中程度副词"大故"已不再出现。"大故"在近代用作主观高量级程度副词，显然也受到含有［＋大］语义特征的影响。

好、好不、好生、好是
《说文解字》有云："好，美也。""好"的本义是指貌美，特指女子长得好看。如：

（268）鬼侯有子而好，故入之于纣。——《战国策·赵策三》

"好"又可表"美好、良好、善"之义。如：

（269）缁衣之好兮，敝予又改造兮。——《诗经·郑风·缁衣》

"好"用作程度副词，便是在"美好、良好、善"的语义上引申而来的。当"好"的后带成分抽象化时，便为"好"置于"临界状态"奠定了基础。具体如下：

（270）本家有好酒、好肉，要点心时，好大馒头！——《水浒传》（第二十六回）

根据李晋霞（2005）所述，例（270）中的"好大馒头"可参照上文的"好酒、好肉"，理解为"好的、大的"馒头，即"好大馒头"中的"好"在此可理解为形容词。"好"与形容词"大"并列使用，修饰名词"馒头"。

"好"含有［＋好］的语义特征。在此语义基础上，伴随后带成分的抽象化、语用因素的外力推动作用，以及表义重心的后移，因此"好"虚化表程度高。如：

（271）八戒呆性发作，应声叫道："好快活！好自在！"——《西游记》（第九十四回）

例（271）中的"好"表程度高。"好"无客观对比对象和限定范围，独立地表程度，呈主观色彩，不用于比字句，是主观高量级程度副词。

在语法功能上，主观高量级程度副词"好"可作状语修饰性质形容词或形容词词组，如例（271）中的"好"修饰"快活""自在"；"好"也可作状语修饰含性状义的动词（包括心理动词）或动词词组，如例（272）中的"好"修饰"胡思"。

（272）道号道号，你好胡思！——《西游记》（第四十五回）

近代主观高量级程度副词在组合搭配上，往往修饰具有性状义的整个短语结构。如：

（273）天天如此，张龙好觉过意不去。——《三侠五义》（五一回）

例（273）中的"好"修饰"觉过意不去"，而现代汉语里则往往说成"觉得好过意不去"。所以说在现代汉语里，主观高量级程度副词在修饰动词短语时，往往是直指其中被修饰的含性状义的动词成分或者形容词成分。

"好"作程度副词，不能作补语，但能作状语置于补语成分中。如：

（274）她心里想到："这口钟放得好蹊跷。"——《儿女英雄传》（第七回）

例（274）中的主观高量级程度副词"好"作状语，修饰形容词"蹊跷"。"好蹊跷"在句中作补语。

受汉语双音节形式的影响，近代新兴的单音节主观高量级程度副词"好"还出现了双音节形式——好不、好生、好是。

"好"与"不"连用，最早出现在唐五代。如：

（275）者大汉痴，好不自知。——《敦煌变文集·燕子赋》

例（275）中的"好不"表否定的意思，即"好不"在此应划分为"好/不"。根据张海涛（2008）的统计，"好"与"不"连用，在其所收集的语料中，唐五代的仅有 3 例，且都表示否定的意思。"好不"成词，表肯定之义，最早出现在元代。如：

(276) 那小的唤作添添，天生聪明，俺姐夫好不欢喜。——《翠红乡儿女两团圆》（第二折）

例（276）中的"好不"指程度高，表肯定之义，在此可视为程度副词。根据张海涛（2008）的统计，宋金元时期"好不"连用的语料有 84 条，而到了明清时期则增长到 2825 条，表肯定之义的多达 2417 条，占比 85.56%。《近代汉语虚词词典》也将"好不"列为程度副词。因此本书将近代的"好不"列为程度副词。

例（276）中的"好不"表程度高。"好不"无客观对比对象和限定范围，独立地表程度，呈主观色彩，不用于比字句，是主观高量级程度副词。

在语法功能上，主观高量级程度副词"好不"可作状语修饰形容词，如例（276）中的"好不"修饰"欢喜"；也可作状语修饰心理动词，如例（277）中的"好不"修饰"难过"；还可作状语修饰内涵语义具有明显属性特征的名词，如例（278）中的"好不"修饰"权势"；亦可作状语修饰使令动词兼语结构，如例（279）中的"好不"修饰"令人心酸"。

(277) 只是丢得那夫人冷冷清清，空房独守，好不难过。——《灯草和尚》（第八回）

(278) 掌着文武重任，言听计从，好不权势。——《谢金吾诈拆清风府·楔子》

(279) 竟不能一见，好不令人心酸。——《镜花缘》（二一回）

"好不"作主观高量级程度副词，表肯定之义，主要受主观高量级程度副词"好"的影响。"不"作为主观否定副词，在此属于羡余成分。也就是说"好不"等同于"好"。由此可见程度副词"好不"的主观性。

"好生"最早出现在晚唐时期，"生"作词缀，最开始表行为不苟且，好好之义。如：

(280) 若见维摩传慰问，好生只对莫羞惭。——《敦煌变文集·维摩诘经讲经文》

"好生"由表情态到表程度，受主观高量级程度副词"好"的影响。伴随后带成分的抽象化，"好生"虚化为表程度高。其最早出现在元代。如：

（281）想关云长**好生**勇猛。——《单刀会》（一折）

例（281）中的"好生"表程度高。"好生"无客观对比对象和限定范围，独立地表程度，呈主观色彩，不用于比字句，是主观高量级程度副词。

在语法功能上，主观高量级程度副词"好生"可作状语修饰性质形容词或词组，如例（281）中的"好生"修饰"勇猛"；"好生"也可作状语修饰心理动词或词组，如例（282）中的"好生"修饰"愁闷"；"好生"还可作状语修饰含性状义的动词词组，如例（283）中的"好生"修饰"出死力"。

（282）**好生**愁闷，难过日子。——《警世通言》（卷三六）
（283）我父女**好生**出死力来救你，你颠倒骂我！——《荡寇志》（三十一回）

"好是"与主观高量级程度副词"甚是""大是"等的产生过程相似，在此不再赘述。在语法功能上，主观高量级程度副词"好是"可作状语修饰性质形容词，如例（284）中的"好是"修饰"苦"；"好是"也可作状语修饰含性状义的动词或动词词组，如例（285）中的"好是"修饰"动人"。

（284）自别夫人经数月，思量**好是**苦持斋。——《敦煌变文集·欢喜国王缘》
（285）你看这秋来风物，**好是**动人也呵。——《梧桐雨》（二折）

根据旷书文（2005）的阐述，直到中古后期"是"作判断动词才成熟。随后"为"的义项较多，而"是"的义项较少，且以作判断动词为主，因此在近代，新兴的主观高量级程度副词往往与"是"结合为双音节程度副词，而未与"为"融合为双音节程度副词。也正因此，作为近代新兴的主观高量级程度副词"好"，只出现了"好是"的双音节形式，并未出现"好为"的双音节形式。下文的"煞是""更是""越是"同此。

十分、万分、万千、万般
"十"的本义是数词。如：

（286）一朝而获**十**禽。——《孟子·滕文公下》

"十"可引申为"数量多"。如：

（287）夫尧、舜生而在上位，虽有**十**桀、纣不能乱者，则势治也。——《韩非子·难势》

根据《汉语大词典》第 1 册第 816 页的解释，"十分"最早是指"按十等分划分"。如：

（288）是故大钟十分其鼓间。——《周礼·考工记》

"十分"可引申为"十成"之义。如：

（289）十分不得识一，所识者又恐谬误。——《上汉书十志疏》

"十分"以此引申为"十足"之义。如：

（290）若执斧问之而缩颈畏避，则十分凡夫，无足取矣！——《书传灯录后》

根据武振玉（2004a）所述，古人采用十进制的方法进行计算，"十分"即全部。"十"的引申义有表"数量多、大"之义，即"十分"含有［+全］［+大］的语义特征。根据香坂顺一（1997：102-103）所提，中国语数的观念，可进一步引申为程度的观念。因此程度观念和量的观念理应看作同一东西。所以，在汉语里，量的大小可通过隐喻表程度的高低。"十分"以［+大］的语义特征作为语义基础，伴随后带成分的抽象化，引申为程度副词。如：

（291）故见得善恶十分分明。——《朱子语类》（卷二十六）

例（291）中的"十分"表程度高。"十分"无客观对比对象和限定范围，独立地表程度，呈主观色彩，不用于比字句，是主观高量级程度副词。

在语法功能上，主观高量级程度副词"十分"可作状语修饰性质形容词或形容词词组，如例（291）中的"十分"修饰"分明"；"十分"也可作状语修饰心理动词或词组，如例（292）中的"十分"修饰"恼怒"；"十分"还可作状语修饰含性状义的动词词组，如例（293）中的"十分"修饰"有理"。

（292）时知县此时心中十分恼怒。——《儒林外史》（第一回）
（293）知县点头道："十分有理。"——《儒林外史》（第四回）

"万"的本义是数词。如：

（294）步卒五万。——《韩非子·十过》

"万"引申为"数量多、大"。如：

（295）万国咸宁。——《周易·乾》

"万分"是以"万"含有［＋大］的语义特征作为语义基础进而引申为程度副词的。依据张家合（2017）的阐述，"万分"本义是将事物划分为万份，其实词虚化过程与"十分"相似，在此不再赘述。

在语法功能上，主观高量级程度副词"万分"可作状语修饰性质形容词或词组，如例（296）中的"万分"修饰"慎密"。

（296）无如报仇这桩事自己打着要万分慎密。——《儿女英雄传》（第十七回）

"万千"与"万分"相似，是以含有［＋大］的语义特征作为语义基础，由此引申为程度副词的。

"万千"最早是数词。如：

（297）一岁之狱以万千数。——《汉书·董仲舒传》

"万千"引申为表"数量多"。如：

（298）有万千般祥瑞，可以待出免囚牢之难。——《武王伐纣平话》

"万千"在此基础上，以含有［＋大］的语义特征作为语义基础，伴随后带成分的抽象化，引申为程度副词。如：

（299）此是死中得生，万千侥幸。——《二刻拍案惊奇》（卷十一）

例（299）中的"万千"表程度高。"万千"无客观对比对象和限定范围，独立地表程度，呈主观色彩，不用于比字句，是主观高量级程度副词。

在语法功能上，主观高量级程度副词"万千"可作状语修饰性质形容词或词组，如例（299）中的"万千"修饰"侥幸"。

"万千"在近代的使用频率很低，在此将其列入程度副词系列，是参照《汉语大词典》和《近代汉语虚词词典》的做法。

"万般"作为词组使用，最早出现在唐五代，主要用作数量短语。如：

（300）千众乐音齐向亮，**万般**花木自芬芳。——《敦煌变文集·维摩诘经讲经文》

例（300）中的"万"是数词，"般"为量词，"万般"作为数量短语使用。"万"作数词，在古代汉语里还可以表数量多、大之义。"万般"又由此引申出"多次、屡次"的意思，"万般"由数量短语词汇化为词。如：

（301）千般说，**万般**喻，只要教君早回去。——《五灯会元》

与"万分""万千"相似，"万般"以［＋大］的语义特征作为语义基础，伴随后带成分的抽象化以及表义重心的后移，引申为程度副词。如：

（302）如今且说林黛玉，自在荣府以来，贾母**万般**怜爱，寝食起居，一如宝玉。——《红楼梦》（第五回）

例（302）中的"万般"表程度高。"万般"无客观对比对象和限定范围，独立地表程度，呈主观色彩，不用于比字句，是主观高量级程度副词。

在语法功能上，主观高量级程度副词"万般"可作状语修饰性质形容词或词组，如例（303）中的"万般"修饰"旖旎"；"万般"也可作状语修饰心理动词，如例（302）中的"万般"修饰"怜爱"。

（303）解舞腰肢娇又软，千般袅娜，**万般**旖旎，似垂柳晚风前。——《西厢记杂剧》

"万般"在近代的使用频率不高，在此将其列入程度副词系列，是参照《近代汉语大词典》将其列为程度副词的做法，且在现代"万般"仍用作程度副词。

煞、煞是

说文无"煞"字。《广韵》："煞，俗'杀'字。"《诗词曲语辞汇释》："煞，甚辞。字亦作瞰，作杀。"也就是说，"煞"是"杀"的俗字。

《说文解字》提到，"杀，戮也"。"杀"的本义是杀死。如：

（304）将战，华元**杀**羊食士。——《左传·宣公二年》

"杀"可引申为表极度，用在词尾。如：

（305）白杨多悲风，萧萧愁杀人。——《文选·古诗十九首之一四》

"杀"也可放于动词或形容词前，作状语，表程度之高。如：

（306）西日凭轻照，东风莫杀吹。——《白居易集·玩半开花赠皇甫郎中》

根据唐贤清（2004b）的统计，"杀"表程度的这类用法在《先秦汉魏晋南北朝诗》中出现了 16 次，都置于动词、形容词之后。《全唐诗补编》中出现了 9 次，也都置于动词、形容之后。《全宋词》中出现了 104 次，只有两次是置于动词或形容词之前作状语。《西游记》中出现了 46 次，都是置于动词或形容词之后。由此可见，"杀"通过修辞手法可视为表程度，往往置于动词或形容词之后。

根据《古代汉语虚词词典》的释义，"杀"表程度的用法最早出现在南朝时期。后世多写作"煞"。

"煞"作为"杀"的俗字，也可表杀死之义。如：

（307）比干、子胥好忠谏，而不知其主之煞之也。——《鹖冠子·备知》

"煞"还可用于动词或形容词之后，表程度。如：

（308）宗举人的父亲宗杰只道他为土地中举喜欢煞，实地陪了他酒饭。——《醒世姻缘传》（三五回）

"煞"亦能置于动词或形容词之前，表程度。如：

（309）若无此字，竟是神不知、鬼不觉的，煞好手段。——《二刻拍案惊奇》（卷三十九）

根据唐贤清（2004b）的统计，"煞"表程度作状语，置于动词或形容词之前的频率，要远高于"杀"。其中，《朱子语类》中表程度的"煞"出现了 221 次，都用作状语，置于动词或形容词之前；表程度的"杀"出现了 3 次，都置于动词或形容词之后。《西厢记》中"煞"出现了 3 次，都用作状语；"杀"出现了 8 次，都置于动词或形容词之后。《金瓶梅》中"煞"出现了 3 次，都用作状语；"杀"出现了 18 次，都置于动词或形容词之后。

根据李立成（1995）所述，"杀"用于词尾，表程度极高，是运用了夸张的修辞手法，使得"杀"具备了得以虚化的心理条件，如例（305）。又根据唐贤清、陈丽

（2011）和宗守云（2014）所提，"死"作补语表结果，由终点义通过隐喻机制发展为极致义，因此"死"可用作补语表程度极高。参照此，"杀"和"煞"本义中的"杀死"之义，可引申为"达到终点"①之义，进而经过隐喻机制引申为达到极致。因此"杀"和"煞"置于动词或形容词之后，可表程度极高之义，即表极量。但本书将"煞"列为高量级程度副词，因为根据唐贤清（2004a）的统计，"煞"在一些专书里，往往只作状语，表高量级，而不是表程度达到极致。

　　"杀"表程度的用法最早出现在南朝，主要是置于动词和形容词后。"杀"表程度至极，主要受夸张的修辞手法以及中古时期出现了补语这一新的句法成分的影响。"煞"表程度则出现在唐代及以后。"杀"作状语表程度较为少见，"煞"作状语表程度的情形明显多于"杀"。"煞"作为"杀"的俗字，根据李立成（1995）所提，"煞"能用作状语，有可能是受与之连用的程度副词"大""太""特""忒"的影响，因此这些词只能用作状语。如：

（310）师曰："汝太煞聪明。"——《祖堂集》（卷四）

（311）这雨水平常有来，不似今番特煞。——《荐福碑》（二折）

（312）周礼忒煞繁细，亦自难行。《朱子语类》（卷二十三）

　　我们赞成这一观点。例（309）中的"煞"表程度高。"煞"无客观对比对象和限定范围，独立地表程度，呈主观色彩，不用于比字句，是主观高量级程度副词。

　　在语法功能上，主观高量级程度副词"煞"可作状语修饰性质形容词，如例（309）中的"煞"修饰"好"；也可作状语修饰含性状义的动词词组，如例（313）中的"煞"修饰"费思量"。

（313）若必用从初说起，则煞费思量矣。——《朱子语类》（卷三十三）

　　主观高量级程度副词"煞"还可写作"睒"。如：

（314）习种性根睒浮浅。——《敦煌变文集·维摩诘经讲经文》

　　与"甚是""大是"相似，主观高量级程度副词"煞"也有双音节形式"煞是"。主观高量级程度副词"煞是"，可作状语修饰性质形容词，如例（315）中的"煞是"修饰"古怪"；也可作状语修饰含性状义的动词词组，如例（316）中的"煞是"修饰"用工夫"。

---

　　① 参照《王力古汉语字典》和《古代汉语词典》（第2版）的解释，"杀"和"煞"都可引申为"结束"之义。由此也可印证"杀"和"煞"可引申出"达到终点"之义。

（315）说贾家竹筒倾银子，煞是古怪。——《二刻拍案惊奇》（卷二）

（316）子贡于此煞是用工夫了。——《朱子语类》（卷二十二）

"杀"在南朝时期便可置于动词或形容词之后，表程度极高。但中古时期表程度的"杀"往往用于夸张修辞手法，出现的频率不高。在近代，虽然"杀"可视为作程度副词的使用频率增加，但根据唐贤清（2004b）所提，到宋代，"杀"与"煞"有了较明显的分工。"杀"主要用于形容词或动词之后，而"煞"主要置前。我们认为，由于置后的"杀"仍然沿用中古时期的用法，作状语的情形十分有限，因此近代可视为表程度的"杀"仍可视为夸张修辞手法的应用，且后世多采用"煞"字，因而本书未将"杀"列入主观高量级程度副词系列。

很

《说文解字》有云："很，不听从也。""很"的本义是违逆，不听从。如：

（317）今王将很天而伐齐。——《国语·吴语》

"很"由此引申为"心狠、残忍"。如：

（318）太子痤美而很。——《左传·襄公二十六年》

"很"还可组成形容词（组）"很刚""很戾"。如：

（319）很刚而不和。——《韩非子·亡征》

例（319）中的"很刚"也可写作"狠刚"。又如：

（320）汝南王亮、太保卫瓘以玮性很戾，不可大任。——《冯燕歌》

例（320）中的"很戾"还可写作"狠戾"。
《说文解字》："狠，吠斗声。"段玉裁据别本改"吠"为"犬"，即"狠"本义为犬争斗声。《广韵·很韵》："很，很戾也。俗作狠。"根据《古代汉语虚词词典》的释义，"狠"由本义"犬争斗声"引申为"凶恶"之义。如：

（321）怎奈那公人狠劣似狼豺！——《黄粱梦》（二折）

根据《汉语大词典》对"狠切"的解释,例(322)中的"狠切"可视为"狠"由形容词虚化为程度副词的"临界状态"。具体如下:

(322)天哪!这一炷香则愿削减了俺尊君狠切。——《拜月亭》(第三折)

《汉语大词典》把"狠切"解释为"谓殷切之心"。"切"指"殷切",作形容词。"狠"在此意义并不明晰,与"很(狠)刚""很(狠)戾"中明确表形容词"凶恶"之义的"很(狠)不同"。因此例(322)中的"狠"可视为表程度,处于实词虚化的"临界状态"。

根据太田辰夫(1987)所述,"很"用作程度副词最早出现在元代,且只出现在部分文献中。元曲中出现的情况也不多。元代还多写作"哏"。如:

(323)但见的道我哏憔悴。——《满庭芳》
(324)财和气,酒共色,四般儿狠利害。——《秋江送》
(325)那几个守户闲官老秀才,他每都很利害。——《老生儿》(第一折)

经多位专家考证,《古本老乞大》(又称为《原刊老乞大》),可视为元代朝鲜人学习汉语的教材,其中有不少"哏"用作程度副词的例子。如:

(326)那里就便投马市里去哏近。——《古本老乞大》
(327)哏好价钱。——《古本老乞大》

太田辰夫(1987)也提到,"哏"是程度副词"很",是元代和蒙古人接触较多的北方人之间使用的俗语。根据梁武镇(2000)所提,元代《古本老乞大》可能先用蒙古语写,再用元代汉语直译而成。由此可见,程度副词"很"的形成,受蒙古语的影响,是语言接触的结果。

根据吕叔湘(1984)所述,"凶狠"之义可引申出"甚极"之义。很多语言如此,比如英语中的 awfully、terribly、dreadfully。李崇兴、祖生利(2010)也持此观点,指出现代方言中的"蛮"与"狠"意义相通,也可作程度副词。由此汤传扬(2019)认为,"很"作程度副词,是语言基础和自身语义演变共同作用的结果。我们赞同这一观点。

根据《古代汉语虚词词典》第 226 页的解释,"狠"的虚词用法是"很"的假借。"哏"作程度副词主要出现在元代文献中。因此本书将作程度副词使用的"狠"和"哏"统一划为"很"。

"很"以〔+凶狠〕的语义特征作为语义基础,伴随后带成分的抽象化,以及表义重心的后移，又加之临界状态下语用因素的外力推动作用，"很"虚化表程度高。"很"无客观对比对象和限定范围，独立地表程度，呈主观色彩，不用于比字句，是主观高量级程度副词。

在语法功能上，"很"可作状语修饰性质形容词，如例（328）中的"很"修饰"薄"；也可作状语修饰心理动词，如例（329）中的"很"修饰"喜欢"；"很"还可作状语修饰含性状义的动词短语，如例（330）中的"很"修饰"有意味"；"很"亦可作状语修饰比似动词，如例（331）中的"很"修饰"像"；"很"也可作状语修饰能愿短语，如例（332）中的"很"修饰"会欺负你妹妹"；"很"又可作状语修饰介宾短语，如例（333）中的"很"修饰"不与你相干"；"其"亦可作状语修饰动补结构，如例（334）中的"很"修饰"说得来"；"其"还可作状语修饰使令动词兼语结构，如例（335）中的"哏"修饰"教百姓每根受有"；"其"又可作补语，如例（336）中的"好的狠"。

（328）这人的情谊也就很薄的了。——《老残游记》（一六回）

（329）我见姑娘很喜欢，我才敢这么说。——《红楼梦》（第六十七回）

（330）这个笑话，细细想去，却很有意味。——《镜花缘》（九三回）

（331）方太太说的倒很像他。——《红楼梦》（第七十四回）

（332）王夫人也道："宝玉很会欺负你妹妹。"——《红楼梦》（第二十八回）

（333）鸳鸯笑道："很不与你相干，有我呢。"——《红楼梦》（第四十回）

（334）两人很说得来。——《儿女英雄传》（第五十九回）

（335）百姓每根底抽分羊底，哏教百姓每根受有。——《通制条格》（卷十五）

（336）你而今来的好的狠，我正在这里同胡八哥想你。——《儒林外史》（第五十二回）

在此值得一提的是，在近代汉语中，程度副词"很"与其他程度副词一致，在修饰短语结构时，往往修饰整个词组，如例（333）。在现代汉语中，程度副词往往是直指短语结构中被修饰的形容词成分或含性状义的动词成分，如例（333）中的"很不与你相干"往往说成"与你很不相干"。

通过例（328）至例（335）我们可以看到，主观高量级程度副词"很"的组合搭配能力很强。根据张海媚（2012）所述，唐代以前，"使令"义常用"使""令"来表达。到了金元时期，"教（交）"取代了"使""令"的主导地位，因此在元代，"教"仍然可视为比较新的使令动词。根据汤传扬（2019）所提，近代并未出现主观高量级程度副词"甚"与"教"结合的使用情况。"很"则有，如例（335）。由此可视为"很"将取代"甚"成为使用频率更高的主观高量级程度副词。

根据后文中表4-1的统计，我们可以看到，"甚"仍然是近代使用频率最高的主观高量级程度副词。根据汤传扬（2019）的统计，明末清初程度副词"很"的使用频率不高，如《醒世姻缘传》中程度副词"狠"只出现了1例，这也是表4-1中程度副词"很"的使用频率低于"甚"的原因。到了清中期，程度副词"很"已经在北京话中广泛使用，如《红楼梦》（前80回）"很"出现了88次，比"甚"多出14次。与叙述体相比，"很"用于对话体的情况多达98%，而"甚"用于对话体只占"甚"使用总数的45%。这也为主观高量级程度副词"很"取代"甚"在现代汉语中占主导地位奠定了基础。所以在近代，主观高量级程度副词"很"更多出现在口语体中。

根据吕叔湘（1982：147）所述，"同一限制词，前后都可附加的，加在后头比加在前头更加重些"。如"好得很"比"很好"程度高。由此可见例（336）中"好的狠"的程度比"狠好"高。这是主观高量级程度副词语义容易磨损的体现。尽管是新兴词，但在使用时为了更好地表达主观高量，"狠"在此作程度副词，由状语位置转移到了补语位置。

程度副词作补语，在唐五代时已有有力的例证。我们以更具有典型性的"极甚"为例进行论证。主观极量级程度副词"极"与主观高量级程度副词"甚"连用表程度高，在中古时期已出现，如例（337）。到了近代，"极"与"甚"连用的情况有所增加。根据《近代汉语虚词词典》第299页的解释，"极甚"可视为一个副词作状语使用。如：

（337）而彼夫人，生一太子，<u>极甚</u>端正。——《佛本行集经》

（338）太子作偈已了，即便归宫，迷闷忧烦，<u>极甚</u>不悦。——《敦煌变文集·八相变》

由于"极"与"甚"在中古时期便已出现连用表程度高，因此"极甚"在此作状语，可视为一个整体，表程度极高，修饰形容词词组"不悦"，作程度副词。"极甚"无客观对比对象和限定范围，独立地表程度，呈主观色彩，不用于比字句，是主观极量级程度副词。在下文的解析中，"极"与"甚"的连用置于形容词词组后作补语，这更是"极甚"可作为程度副词的力证。

根据杨荣祥（2001）所提，"极"在近代即使用在补语里，也应视为形容词而不是程度副词。如：

（339）只是被李先生静得<u>极</u>了，便自见得是有个觉处，不似别人。——《朱子语类》（卷一百〇三）

杨荣祥（2001）认为例（339）中的"极"应为形容词，但根据《古代汉语词典》（第 2 版）和《王力古汉语字典》等的释义，"极"作形容词，义为"疲惫"。显然"极"在此并不是形容词"疲惫"之义。例（339）与例（340）相似。根据唐贤清、陈丽（2010）所提，例（340）中的"极"因有助词"了"的标记，可视为程度副词作补语。参照唐文的论述，"AP + 极 + 了"最早出现在宋代的《朱子语类》中，且仅有例（340）中这一例。

（340）被他静极了，看得天下之事理精明。——《朱子语类》（卷一百）

然而"极甚"表程度极高，用于形容词词组后，可视为程度副词能用作补语的有力证据。具体如下：

（341）皇帝闻已，忙怕极甚。——《敦煌变文集·唐太宗入冥记》

"极"与"甚"连用作状语，表程度极高，在中古时期便已出现。近代出现的现象有所增加。例（341）中的"极""甚"连用，表程度极高。"极"在此不宜采用实词义"达到极点"来解释。"忙"与"甚"连用往往指"忙什么"。因此应将例（341）中的"极甚"视为一个整体，即一个程度副词，用在形容词词组"忙怕"之后，表程度极高。此例可视为"极甚"作程度副词的力证，亦可作为程度副词已用作补语的有力证据。例（341）出自唐五代的敦煌变文，由此可见，唐五代已出现了程度副词作补语的现象。

颇为

"颇"与"为"连用，较早出现在中古时期。如例（137）中的"颇为石显等所侵"，是主观高量级程度副词颇₁搭配介宾结构，用于被动句。"颇为"的词汇化过程与"极为""甚为"相似，在此不再赘述。尽管程度副词"颇"也可表低量（标记为颇₂），但程度副词"颇为"在近代出现，受颇₁的使用频率高于颇₂的影响①，其主要用作主观高量级程度副词。根据后文中表 4 - 1 的统计，"颇为"作主观高量级程度副词，在近代使用频率不高。《近代汉语虚词词典》将其列入程度副词系列，因此本书将其纳入考察范围。在语法功能上，主观高量级程度副词"颇为"可作状语修饰性质形容词，如例（342）中的"颇为"修饰"欢喜"。

（342）看了看办得不丰不俭，一切合宜，姥爷颇为欢喜。——《儿女英雄传》（第三回）

---

① 参见张家合（2017）。

怪

《说文解字》有云："怪，异也。""怪"的本义是奇异。如：

(343) 无草木，多怪石。——《山海经·中山经》

"怪"的本义"奇异"是指奇特、特异，超出一般。与上古时期的主观高量级程度副词"殊"，以及中古时期新兴的主观高量级程度副词"特""奇"一致，都是以［＋特异］（隐含［＋超出/过］）的语义特征作为语义基础，伴随后带成分的抽象化，以及表义重心的后移，"怪"虚化表程度高。如：

(344) 有什么话，坐下说不好，只是站着怪乏的。——《儿女英雄传》（第二十六回）

例（344）中的"怪"无客观对比对象和限定范围，独立地表程度高，呈主观色彩，不用于比字句，是主观高量级程度副词。

在语法功能上，主观高量级程度副词"怪"可作状语修饰性质形容词，如例（344）中的"怪"修饰"乏"；也可作状语修饰心理动词，如例（345）中的"怪"修饰心理动词"怕"；还可作状语修饰动补短语，如例（346）中的"怪"修饰"掐得慌"；亦可作状语修饰兼语结构，如例（347）中的"怪"修饰"招人儿疼"。

(345) 我怪怕的，一夜也睡不着。——《红楼梦》（第五十一回）
(346) 我说只觉得这领子怪掐得慌的呢！——《儿女英雄传》（第三十八回）
(347) 论那个人儿啊，本来可真也说话儿甜甘，待人儿亲香，怪招人儿疼的。——《儿女英雄传》（第三十九回）

根据语料我们发现，在近代汉语里，"怪"作为主观高量级程度副词，用于口语体的情况较多。

生

《说文解字》有云："生，进也。象草木生出土上。""生"本义是指草木生长，长出。如：

(348) 蓬生麻中，不扶而直。——《荀子·劝学》

"生"由此引申为"生育"。如：

（349）不康禋祀，居然生子。——《诗经·大雅·生民》

"生"还可表"出生"之义。如：

（350）文以五月五日生。——《史记·孟尝君列传》

"生"由此引申出"活"的意思。如：

（351）生拘石乞而问白公之死焉。——《左传·哀公十六年》

例（351）中"生"作状语修饰行为动词"拘"。

"生"的本义是指草木生长、长出，含有［＋生出］的语义特征。草木破土而出，从地下窜出地上，即超出了地面，经隐喻机制可含有"超出"之义。"生"作"活"义时，可修饰行为动词，表情态，如例（351）。当"生"以［＋生出］［＋超出］的语义特征为语义基础，伴随后带成分的抽象化，以及表义重心的后移，"生"便可虚化表程度高。如：

（352）燕青生怕撅撒了事，拄着杆棒，也跳过墙来。——《水浒传》（第七十三回）

例（352）中的"生"的后带成分为抽象性较强的心理动词"怕"。"生"在此虚化表程度高。"生"无客观对比对象和限定范围，独立地表程度，呈主观色彩，不用于比字句，是主观高量级程度副词。

在语法功能上，主观高量级程度副词"生"可作状语修饰性质形容词，如例（353）中的"生"修饰"疼"；也可作状语修饰心理动词，如例（352）中的"生"修饰心理动词"怕"。

（353）脖项生疼，不曾起来梳洗。——《醒世姻缘传》（七八回）

《古代汉语词典》（第2版）、《古代汉语虚词词典》和《近代汉语虚词词典》都将"生"列为程度副词。根据后文表4-1的统计，"生"作主观高量级程度副词在近代的使用频率不高，且往往局限于在"生怕""生疼"等组合中使用。在现代汉语中"生"亦是如此。

老、老大

《说文解字》有云："老，考也。七十曰老。""老"的本义是指年岁大。如：

（354）及其老也，血气既衰，戒之在得。——《论语·季氏》

"老"由此可引申为动词用法，表"敬老、养老"之义。如：

（355）老吾老，以及人之老。——《孟子·梁惠王上》

例（355）中作动词使用的"老"，其宾语为名词性成分"吾老"。由于"老"的本义是年岁大，即含有［＋大］的语义特征。"老"以此为语义基础，伴随后带成分的抽象化，以及表义重心的后移，便可虚化表程度高。如：

（356）别的也都老远的。——《醒世姻缘传》（八三回）

例（356）中的"老"无客观对比对象和限定范围，独立地表程度高，呈主观色彩，不用于比字句，是主观高量级程度副词。

在语法功能上，主观高量级程度副词"老"可作状语修饰性质形容词，如例（356）中的"老"修饰"远"。"老"与"大"连用，较早出现于唐代，表年岁大。如：

（357）少年真可喜，老大百无益。——《感春三首》

宋代也有"老大"的用法。如：

（358）入学底多是老大底人，如何服得他。——《朱子语类》（卷一百九）

例（358）中的"老"用作程度副词，"大"为形容词。
根据张家合（2017）所述，"老"用作程度副词的情况，宋代已出现，但数量不多。明代才逐渐多起来。"老大"用作程度副词，始见于明代。如：

（359）心里见老金如此，老大不忍。——《初刻拍案惊奇》（卷一）

李计伟（2005）认为，程度副词"老大"是由形容词表年岁大的"老大"语法化而来。付玉萍（2006）认为"老大"是由程度副词"老"诱发"大"的副词性，从而形成并列式合成词。

"大"作程度副词在上古汉语中就已出现，"老"用作程度副词在宋代始见，明代逐渐多见，而"老大"用作程度副词也开始于明代。因此我们认为，"老大"作程度副词，可视为受汉语双音节形式的影响，是程度副词"老"与程度副词"大"的连用。"老大"可视为一个词，一是由于相对于其他词的连用情况而言，"老大"出现的频率较高；二是由于"老大的"的出现。如：

（360）若待他封住，进退不得，<u>老大</u>的吃亏。——《荡寇志》（九一回）

《近代汉语虚词词典》也将"老大"列为程度副词。"老大"无客观对比对象和限定范围，独立地表程度高，呈主观色彩，不用于比字句，是主观高量级程度副词。

在语法功能上，主观高量级程度副词"老大"可作状语修饰性质形容词或形容词词组，如"老大"修饰例（359）中的"不忍"、例（360）中的"吃亏"；"老大"也可作状语修饰心理动词，如例（361）中的"老大"修饰"喜欢"。

（361）再着一个到朱家伺候，又说见双荷归来，<u>老大</u>喜欢。——《二刻拍案惊奇》（卷十）

何等

《说文解字》有云："等，齐简也。""等"本义为使简齐平，引申为"一样，相同"。如：

（362）权均则不能相使，势<u>等</u>则不能相并。——《吕氏春秋·慎势》

"等"又引申为"级别"。如：

（363）天有十日，人有十<u>等</u>。——《左传·昭公七年》

"何"与"等"连用，最早出现在汉代。如：

（364）丞知是<u>何等</u>儿也？——《全汉文·奏劾赵皇后姊娣》

例（364）中的"何"为疑问代词，"等"义为级别。

根据刘丞（2014）所述，"何等"在发展过程中，"等"表"级别"的含义逐渐弱化。如：

（365）博辟左右问禁："是何等创也?"——《汉书·朱博传》

（366）"请问此书文，其凡大要，都为何等事生? 为何职出哉?"——《太平经·试文书大信法》

刘文指出，例（365）中的"何等"表性状，"等"的级别义很弱。例（366）中的"何等"与"何"对举，意义基本一致，表"什么、什么样"之义，由此可视为"何等"词汇化过程。

根据贝罗贝、吴福祥（2000）所提，"何等"是两汉时期新产生的疑问代词，由偏正词组词汇化而来。高列过（2009）指出，"何等"和"何"是东汉佛经最常使用的两个疑问代词。依照《古代汉语词典》（第 2 版）第 532 页的释义，"何等"义为"什么"。如：

（367）汝言汉人死尽，今是何等人也?——《后汉书·南匈奴传》

由此可见，"何等"可作疑问代词，与"何"语义相同，表"什么"之义。

根据前文所述，上古时期主观高量级程度副词"何其""一何"在中古时期省写为"何"，即"何"在中古时期可作主观高量级程度副词使用。在近代，受主观高量级程度副词"何"的影响，伴随后带成分的抽象化以及语义重心的后移，"何等"经语法化，可作主观高量级程度副词。

在语法功能上，主观高量级程度副词"何等"可作状语修饰性质形容词或词组，如例（368）中的"何等"修饰"尖刻"；"何等"也可作状语修饰心理动词或词组，如例（369）中的"何等"修饰"忧虑"；"何等"亦可作状语修饰能愿动词词组，如例（368）中的"何等"修饰"会算计"。

（368）云岫这个人，何等会算计，何等尖刻!——《二十年目睹之怪现状》（六四回）

（369）（那三藏）盼望行者，许久不回，何等忧虑!——《西游记》（第六十一回）

多少₁、多、多么

"多"的本义是数量大，与"少""寡"相对。"少"的本义是数量小，与"多"相对。"多"与"少"是一对反义词，往往对举使用，如：

（370）觏闵既多，受侮不少。——《诗经·邶风·柏舟》

"多"与"少"连用，表数量的多少，较早出现在春秋时期。"多少"往往与其他反义词词组对举，属联合短语。如：

（371）夫过有厚薄，则刑有轻重；善有大小，则赏有<u>多少</u>。——《商君书·开塞》

例（371）中的"多少"是指赏赐的东西的多少，可视为具体事物数量的多少。"多少"还可用于表抽象事物的数量的多少。如：

（372）登山则情满于山，观海则意溢于海，我才之<u>多少</u>，将与风云而并驱矣。——《文心雕龙·义证·卷六》

例（372）中的"多少"是指抽象物"才"的多少。
"多少"由联合短语词汇化为词，是从"多少"的语义偏移开始的，较早出现于中古时期。如：

（373）汝等虽佳，才具不多，率胸怀与会，语便自无忧，不须极哀，会止便止。又可<u>多少</u>问朝事。——《三国志》

例（373）中的"多少"语义偏向"少"，可将其视为一个词，表数量少，可解释为"稍稍、稍微"。根据香坂顺一（1997：102 – 103）所提，中国语数的观念，可进一步引申为程度的观念。因此程度观念和量的观念理应看作同一东西。也就是说在汉语里，量的大小可通过隐喻表程度的高低。如：

（374）以留郡本国图，校今石文，文字<u>多少</u>不同，谨具图上。——《搜神记》（卷七）

由此，受"多少"后带成分"不同"具有的抽象化的影响，例（374）中的"多少"可虚化为表程度低，义为"稍微"，记为"多少₂"。到了唐代，"多少"出现了不少语义偏向于"多"的情形。如：

（375）<u>多少</u>般数人，百计求名利。——《寒山诗》

例（375）中后半句为"百计"，因此"多少"应解释为"多"。
由于语义偏向"多"，表数量大，因此"多少"含有［＋大］的语义特征。受后带成分抽象化的影响，"多少"又可引申为表程度高，记为"多少₁"。如：

（376）上国无交亲，请谒多少难。——《久居京师感怀诗》

例（376）中的"多少"无客观对比对象和限定范围，独立地表程度高，呈主观色彩，不用于比字句，是主观高量级程度副词。

在语法功能上，主观高量级程度副词"多少"可作状语修饰性质形容词或词组，如例（376）中的"多少"修饰"难"，例（377）中的"多少"修饰"不顺"。

（377）今也以兵拒父，是以父为贼，多少不顺！——《朱子语类》（卷四十三）

根据吕叔湘（1985：351）所述，在感叹句里，最初用的是"多少"，后来省略为"多"。也就是说主观高量级程度副词"多少₁"还可写作"多"。如：

（378）宋江军令多严肃，流泪军前斩卒头。——《水浒传》（第八十三回）

在语法功能上，主观高量级程度副词"多"可作状语修饰性质形容词或词组，如例（378）中的"多"修饰"严肃"。

"多么"由"多"加词缀"么"组合而来。依照吕叔湘（1985：351）所提，感叹句里的"多少"后来又有"多么"，由"这么""那么""怎么"类推而来。王力（1984：97）也提到，北京话里的"多么"，大约也由"多少"变来。"多么"作主观高量级程度副词，在语法功能上可作状语修饰性质形容词，如例（379）中的"多么"修饰"霸道"。

（379）你大概也不知道你小大师傅的少林拳有多么霸道！——《儿女英雄传》（第六回）

根据《现代汉语词典》（第7版）第335–336页的释义，"多少"在现代汉语里作副词往往用于表程度低，义为"稍微"，如"一立秋，天气多少有点儿凉意了"。也就是说"多少"在现代汉语里不再用于表程度高。

非常、异常
"非"和"常"连用，较早出现在春秋战国时期。如：

（380）道可道，非常道；名可名，非常名。——《老子·常道无名》

例（380）中的"非常道"和"非常名"，应划分为非/常道，非/常名。"非"和"常"连用，后带成分往往为名词性成分。

到了西汉时期，汉语里还出现了"非常＋之＋名词"的结构。如：

（381）盖世必有非常之人，然后有非常之事。——《史记·司马相如列传》

例（381）中的"非常"，后由"之"带上名词性成分。这使"非"与"常"的连接更为紧密，为其词汇化奠定了基础。

到了东汉时期，随着补语的出现，"非常"可置于谓词性成分之后作谓语。如：

（382）龙之为性也，变化斯须，辄复非常。——《论衡·卷二·无形篇第七》
（383）鸟兽奇骨异毛，卓绝非常。——《论衡·卷十六·讲瑞篇第五十》

例（382）和例（383）中的"非常"位于谓词性成分"复"和"卓绝"之后，作谓语。"卓绝"属性质形容词，具有抽象性。参照《古代汉语词典》（第2版）第362页的解释，"非常"在此应解释为"不同寻常"，已完成词汇化过程。尽管例（383）中的"非常"并非程度副词，但"非常"置于具有抽象性的性质形容词之后，为其虚化为程度副词做好了铺垫。例（384）中的"非常"则可视为接近"临界状态"。

（384）日蚀，阴盛之象，为非常异。——《汉书·元后传》

例（384）中的"非常"义为不同寻常，与形容词"异"（根据《王力古汉语字典》的释义，"异"在此作"奇异、怪异"解）连用，可视为联合短语。不过这类用法在东汉时期较为少见。随着"非常"与具有抽象性的词语连用的频率增加，"非常"逐渐虚化。

到了唐五代时期，"非常"既可置后作谓语，也可置前作状语。另外，这样的现象呈明显增加的趋势。如：

（385）行至一所，险峻非常。——《游仙窟》
（386）玉馔珍奇，非常厚重。——《游仙窟》
（387）大王闻之，非常惊愕。——《敦煌变文集·太子成道经》
（388）今日太子非常喜悦。——《敦煌变文集·悉达太子修道因缘》

例（385）至例（388）中的"非常"，其修饰的对象往往是性质形容词或心理动词。根据武振玉（2004c）的统计，唐代"非常"置前或置后修饰其他词的情形，在比例上相差不大。不过在宋元时期，"非常"往往用作词组（即"非/常"），如例（389），置于名词性成分之前。类似唐代使用的"非常"[如例（385）至例（388）]置后的情形很少，如例（390），置前的情形则基本没有。

（389）正义谓路寝庭朝，库门外朝，非常朝；此是常朝，故知在路门外。——《朱子语类》（卷八十六）

（390）忽有凉风袭众，身心悦适非常。——《景德传灯录》（卷二）

进入明清时期，"非常"修饰具有抽象性的谓词性成分的用法再次活跃。据武振玉（2004c）的统计，明朝和清朝初期，以"谓词性成分＋非常"的形式居多。如：

（391）宝玉听了，喜悦非常。——《红楼梦》（第五回）

到了清朝后期，"非常"则以"非常＋谓词性成分"的形式出现居多。如：

（392）一直把他送到镇江，非常安稳。——《二十年目睹之怪现状》（七八回）

（393）他看了信，立时便非常后悔。——《官场现形记》（第八回）

根据《古代汉语词典》（第2版）第362页的解释和王素珍（2007）所述，"非常"包含"不同寻常""超出一般"之义，即"非常"含有[＋超出]的语义特征。以此为语义基础，受后带成分抽象化的影响，"非常"可引申为表程度高，如例（392）、例（393）。"非常"无客观对比对象和限定范围，独立地表程度高，呈主观色彩，不用于比字句，是主观高量级程度副词。

在语法功能上，主观高量级程度副词"非常"可作状语修饰性质形容词或词组，如例（392）中的"非常"修饰"安稳"；"非常"也可作状语修饰心理动词，如例（393）中的"非常"修饰"后悔"；"非常"还可作状语修饰含性状义的动词词组，如例（394）中的"非常"修饰"刺鼻"。

（394）忽想起才喝的酒味非常刺鼻。——《孽海花》（第四回）

根据杨荣祥（2001）提到的，一个词或词组，或某种语言成分，必须是能够经常处于谓语前的句法位置，才有可能演变为副词。张家合（2017）也只把位于谓词性成分前的语义表程度的"非常"视为程度副词，而位于谓词性成分后的"非常"，即作谓语的"非常"不列入程度副词。"非常"作谓语出现于东汉时期，根据词典释义解释为"不寻常。"到了近代，"非常"虽可解释为表程度，如把"非常"后置的例（385）、例（390）、例（391），但也仍可采用"不寻常"进行解释①。受上古、中古时期程度副词不能置后作补语的影响，在界定程度副词时，不少学者往往以能否表程度、置前作状语为判断标准之一。因此参照前贤的做法，本书后文表4-1的统计中，只列入"非常"作状语表程度的情形。另外现代汉语中，程度副词"非常"往往也是置前作状语。

　　"异常"实词虚化的过程与"非常"相似。"异常"原指"异于正常、超出一般"，作为词组使用，最早见于汉代。如：

　　（395）况闻天变<u>异常</u>之声，轩盖迅疾之音乎？——《论衡·雷虚》

　　例（395）中的"异常"修饰名词"声"。
　　魏晋南北朝时期出现了"异常"用作谓语的情形。如：

　　（396）世祖严暴<u>异常</u>。——《宋书》（卷七七）

　　例（396）中的"异常"用于谓词性成分"严暴"之后，作谓语。"严暴"属性质形容词词组，具有抽象性，这为"异常"虚化为表程度的副词奠定了基础。
　　唐代出现了"异常"置于具有抽象性的谓词性成分前的情形。如：

　　（397）鳞上有五色圆花，<u>异常</u>端丽。——《广异记》

　　根据武振玉（2004c）的统计，唐代"异常"在语义上可用表程度进行解释，置前与置后的情形相当。如《敦煌变文集》中"异常"置前有4例，置后有4例；《太平广记》中"异常"置后的有14例，置前的有15例。宋元时期可表程度的"异常"的例子十分少见，明清时期又开始活跃起来。在清代后期，又以"异常"置前作状语的情形居多。这一现象与"非常"相似。
　　"异常"以含有［+超出］的语义特征作为语义基础，受后带成分抽象化的影响，引申为表程度高，如例（398）。"异常"无客观对比对象和限定范围，独立地表程度，呈主观色彩，不用于比字句，是主观高量级程度副词。

---

　　①　《二十年目睹之怪现状》（二五回）中"然而往往灵验得<u>非常</u>，大约是因人而灵"一句，虽有标记词"得"，"非常"用作补语，但"非常"仍可用"不同寻常"进行解释，在现代汉语里亦是如此。这样的例子在近代语料统计中仅有2例，不及近代汉语里程度副词用作补语的结构"极了"出现的频率高。因此本书未将这种情形视为程度副词"非常"作补语的情形。

在语法功能上，主观高量级程度副词"异常"可作状语修饰性质形容词，如例（398）中的"异常"修饰"客气"；"异常"也可作状语修饰心理动词或心理动词组，如例（399）中的"异常"修饰"珍爱"。

（398）这位太守竟其*异常*客气。——《官场现形记》（第五十六回）

（399）因系独子，*异常*珍爱。——《醒世姻缘传》（一回）

与"非常"相似，"异常"作谓语时，仍然可以用"异于正常、超出一般"之义进行解释，如例（400）。因此参照前贤的做法，本书表4-1的统计中，只列入"异常"作状语表程度的情形。在现代汉语中，"异常"作为程度副词，往往也是置前用作状语。

（400）见昔时金荣辈不见了几个，又添了几个小学生，都是些粗俗*异常*的。——《红楼梦》（第八十一回）

挺

《说文解字》提到，"挺，拔也"。"挺"的本义是拔出。如：

（401）*挺*剑而起。——《战国策·魏策四》

例（401）中的"挺"作动词，宾语为名词"剑"。
"挺"可引申为"生出"之义。如：

（402）芸始生，荔*挺*出，蚯蚓结。——《吕氏春秋·仲冬》

"挺"又引申出"突出"之义。如：

（403）今诸葛丞相英才*挺*出，深睹未萌。——《三国志·蜀志·吕凯传》（卷四三）

"挺"还可引申出"撑直、伸直"之义。如：

（404）虽有槁暴，不复*挺*者，𫐓使之然也。——《荀子·劝学》

"挺"与形容词"硬"的连用，为"挺"虚化做好了铺垫。如：

（405）只见脑后有三根毫毛，十分挺硬。——《西游记》（第五十七回）

（406）刘姥姥一下子却摸着了，但觉那老婆子的脸冰凉挺硬的，倒把刘姥姥唬了一跳。——《红楼梦》（第四十一回）

太田辰夫（1987）指出，例（406）中的"挺硬"，"挺"尚未用作程度副词，而应该将其视为形容词。

由于"挺"含有"撑直、伸直"之语义，"挺直"在此可理解为"坚硬"之义。

太田辰夫（1987：252）和张家合（2017：215）认为，"挺"在语义"直"的基础上引申为程度副词。刘晓凡（2008），薛童心、张平（2012）则认为程度副词"挺"是在"突出"的语义上引申而来的。

我们认为"挺"受引申义"生出""突出"及"直"的共同影响。与"生"一致，含有［＋生出］［＋超出］的语义特征，同时还含有［＋直］的语义特征。以这些语义特征为语义基础，伴随后带成分的抽象化以及语义重心的后移，"挺"虚化为程度副词。如：

（407）公子道："是个挺大的大狸花猫。"——《儿女英雄传》（第六回）

例（407）中的"挺"无客观对比对象和限定范围，独立地表程度高，呈主观色彩，不用于比字句，是主观高量级程度副词。

在语法功能上，主观高量级程度副词"挺"可作状语修饰性质形容词。如例（407）中的"挺"修饰"大"，例（408）中的"挺"修饰"厚""宽"。

（408）杠头上栓一根挺厚挺宽的皮条。——《老残游记续集》（一回）

与"怪"相似，近代汉语里，"挺"更多用于口语体。

蛮

《说文解字》有云："蛮，南蛮，蛇种。""蛮"的本义是对我国南方少数民族的泛称。如：

（409）至于海邦，淮夷蛮貊。——《诗经·鲁颂·閟宫》

"蛮"由此引申为"粗野，强悍"。如：

（410）攀跻诚畏途，习俗美蛮犷。——《自岐江山行至平陆驿》

上文提到，李崇兴、祖生利（2010）指出现代方言中的"蛮"与"狠"意义相通，也可作程度副词。"蛮"的引申义"粗野、强悍"与"凶狠"相似，也就是说与"很"相似。"蛮"以［＋凶狠］的语义特征作为语义基础，伴随后带成分的抽象化以及表义重心的后移，引申为程度副词。如：

（411）雪白蛮阔的雕花玉带，拖着牌穗印绶。——《醒世姻缘传》（五回）

例（411）中的"蛮"无客观对比对象和限定范围，独立地表程度高，呈主观色彩，不用于比字句，是主观高量级程度副词。

在语法功能上，主观高量级程度副词"蛮"可作状语修饰性质形容词。如例（411）中的"蛮"修饰"阔"，例（412）中的"蛮"修饰"好"。

（412）陶云甫道："蛮好。"——《海上花列传》（第十八回）

近代汉语里，清末前"蛮"用作程度副词的情况较少见，但在清末后期的小说中较为常见，如《海上花列传》。程度副词"蛮"在现代汉语里多见于方言。

二、使用频率

参照张家合（2017：92）的统计，即通过表4－1的统计，我们可以看到，在近代的大量语料中，使用频率最高的主观高量级程度副词仍然是"甚"，其次是"大"。新兴的主观高量级程度副词中，使用频率较高的依次是"好""十分""甚是""很"。"一何"的使用频率很低，在现代汉语里不再用作程度副词。"雅"和"笃"的使用频率也很低，在现代汉语里用作程度副词往往仅限于书面语。"丕""重""正"不再作为程度副词使用，在现代汉语里亦是如此。"祁"从中古时期开始，到近代、现代都不再作为主观高量级程度副词使用。"很"的使用频率虽然不及"甚"和"大"，但其组合搭配功能强，这为其在现代取代"甚"和"大"成为使用频率较高的主观高量级程度副词奠定了基础。

表4－1　近代汉语主观高量级程度副词的使用频率

	甚	大	好	十分	甚是	很	良
数量	2135	1480	654	584	405	139	272
比例	27.89%	19.34%	8.54%	7.63%	5.29%	1.82%	3.55%

（续上表）

	深	好不	煞	大段	蛮	殊	颇₁
数量	260	242	231	198	2	155	125
比例	3.4%	3.16%	3.02%	2.59%	0.03%	2.03%	1.63%
	好生	怪	非常	大故	生	异常	不胜
数量	72	79	16	72	69	14	64
比例	0.94%	1.03%	0.21%	0.94%	0.9%	0.18%	0.84%
	老	甚为	偏	深为	何等	多少₁	特
数量	61	20	46	27	25	26	21
比例	0.8%	0.26%	0.6%	0.35%	0.33%	0.34%	0.27%
	精	万分	老大	挺	多	何	酷
数量	20	20	19	15	10	10	10
比例	0.26%	0.26%	0.25%	0.2%	0.13%	0.13%	0.13%
	何其	煞是	多么	盛	差₁	大是	好是
数量	9	6	5	5	4	4	4
比例	0.12%	0.08%	0.07%	0.07%	0.05%	0.05%	0.05%
	奇	颇为	万般	甚生	大为	万千	一何
数量	4	3	3	2	2	2	1
比例	0.05%	0.04%	0.04%	0.03%	0.03%	0.03%	0.01%
	雅	笃	合计				
数量	1	1	7654				
比例	0.01%	0.01%	100%				

三、语义特征及语法化

近代汉语里，新兴的主观高量级程度副词中，"甚是""甚生""大为""大是""大段""大故""颇为""何等"主要是受原有的主观高量级程度副词"甚""大""颇""何"的影响。"煞"则为"杀"的俗字。根据表4-2的统计，除去上述词语，剩下的新兴主观高量级程度副词主要是以［＋好］［＋凶狠］［＋特异］［＋超出/超过］［＋大］［＋生出］［＋直］等语义特征为语义基础，引申为程度副词。另外这些词又以［＋大］为语义基础的最多，与上古时期相似；以［＋超出/超过］语义特征为语义基础的位居第二。上古、中古时期的主观高量级程度副词"大""甚""殊""特""奇"也是直接含有或隐含有［＋超出/超过］的语义特征。由此可见，含有［＋超出/超过］语义特征的词易于虚化为主观高量级程度副词。在近代汉语里，新兴的主观高量级程度副词没有再出现以含［＋正］［－正］语义特征为语义基础的词。

表4-2　近代汉语新兴主观高量级程度副词的语义特征

	［＋好］	［＋凶狠］	［＋特异］	［＋超出/超过］	［＋大］	［＋生出］	［＋直］
好 好不 好生 好是	√						
很		√					
怪			√	√			
生				√		√	
十分 万分 万千 万般					√		
老 老大					√		
多少₁ 多 多么					√		
非常 异常				√			
挺				√		√	√
蛮		√					

综观上古、中古和近代汉语，我们发现，古代汉语主观高量级程度副词主要以［＋大］［＋好］［＋过分］［＋特异］［＋怎么］［＋正］［－正］［＋凶狠］［＋超出/超过］的语义特征作为语义基础。

根据武振玉（2004c）的论述，"非常""异常"的来源显示了汉民族的民族文化心理。汉民族崇尚中庸，凡事都希望不过分、不过度，讲求"中、正"，因此"超常"便成了凸显。

纵观古代汉语的主观高量级程度副词，它们的语义特征往往都具有凸显性质。［＋怎么］可视为从语气上进行凸显，其他词则在语义上直接具有凸显特征。这些词通过凸显，经隐喻机制表主观高量。其中［＋正］与［－正］构成一对反义词。上古时期出现的"偏"，以［－正］作为语义特征，与"非常、异常"相似，通过"偏、斜"① 来彰显凸显。到了中古时期又以其反面［＋正］为语义基础，通过构成反义以达到凸显。

张谊生（2000c）、王秀玲（2007）、张家合（2017）都认为，句法位置的改变是副词虚化的重要条件。但纵观古代汉语主观高量级程度副词的产生及发展，我们发现，其虚化的基本条件是以含有凸显性质的语义特征作为语义基础；其关键因素是后带成分的抽象化使语义重心发生后移。也就是说，不是句法位置的改变使得语法化得以完成，而是抽象化，即主观化使语法化成为现实。

尽管"煞"作为"杀"的俗字，较早出现在形容词或心理动词的后位上。如例（305）中的"愁杀人"，但这是夸张修辞手法的运用。"煞"可表程度作状语，是受程度副词"太（大）"""特"的影响，而不是句法位置的改变。"非常"在汉代可用于谓词性成分之后，作谓语，表"不寻常"之义，如例（382）的"辄复非常"、例（383）的"卓绝非常"。也有少数可用于谓词性成分之前的，如例（384）的"非常异"。到了唐代，"非常"用于谓词性成分之前与之后的数量相当。置后的"非常"仍然可以用"不寻常"进行解释，即用作谓语。由于上古时期并没有结果补语，更不可能有程度补语，因此程度副词在上古时期只能作状语。虽然中古时期已经出现了补语成分，但程度副词在中古时期并不能作补语。这一现象使得程度副词的最终界定，往往受是否能置前作状语的影响。在唐代，已有一定数量的置于抽象性词语前的"非常"可视为表程度，作状语。"非常"在汉代已出现了置前修饰抽象性词语的现象，只是数量较少，到了唐代，其置前与置后的数量相当。据此我们认为，"非常"并不是通过句法位置改变完成虚化的，而是由其后带成分的抽象化并伴随大量使用形成的。"异常"亦是如此。古代汉语里的其他主观高量级程度副词则明显是在后带成分抽象化后完成实词虚化的转变的。所以，对于古代汉语的主观高量级程度副词而言，主观化是语法化的基础。

四、组合搭配功能和句法功能

近代汉语主观高量级程度副词也出现了可修饰动补结构的新现象。如：

---

① "正"的本义是指不偏不斜。因此"不正"即指"偏、斜"。

（413）且说宋江军马在路，<u>甚是</u>摆的整齐。——《水浒传》（第八十二回）

例（413）中的"甚是"修饰动补结构"摆的整齐"。

在修饰词语时，近代主观高量级程度副词往往是指向整个结构的，如例（333）中的"很不与你相干"。在现代汉语里，主观高量级程度副词则直指被修饰的性质形容词或含性状义的动词成分，即说成"与你很不相干"。

在连用上，近代汉语主观高量级程度副词与其他主观高量级程度副词的连用主要有："甚"与"大"的连用，如例（414）；"殊"与"大"的连用，如例（415）；"殊"与"极"的连用，如例（416）；"颇₁"与"甚"的连用，如例（417）；"颇₁"与"极"的连用，如例（418）；"颇₁"的重叠使用，如例（419）。

（414）王闻此语，<u>甚大</u>嗔怒。——《敦煌变文集·韩朋赋》

（415）袁<u>殊大</u>惊。——《夷坚乙志》（卷一七）

（416）中如柿核，略无气味，以治疾，<u>殊极</u>乖谬。——《梦溪笔谈》（卷二五）

（417）白舍人为江州刺史，<u>颇甚</u>殷敬。——《祖堂集·归宗和尚》

（418）那先生开馆去处，是个僧房，<u>颇极</u>齐整。——《二刻拍案惊奇》（卷二十二）

（419）家中<u>颇颇</u>饶裕。——《醒世恒言》（卷一八）

在句法功能上，近代主观高量级程度副词可用作补语，如例（336）中的"好的狠"。

此外，近代汉语的主观高量级程度副词可用于定语成分中，如例（420）中的由主观高量级程度副词组成的定语成分"挺大的"。

（420）还是<u>挺大</u>的个胖小子。——《儿女英雄传》（第三十九回）

在近代汉语里，主观高量级程度副词作状语、作补语都出现了助词用作标记词的现象。如例（407）中的"挺大的大狸花猫"中的"的"，例（336）中的"好的狠"中的"的"。

五、小结

在近代汉语里，使用频率最高的主观高量级程度副词仍然是"甚"，其次是"大"。新兴的主观高量级程度副词中，使用频率较高的依次是"好""十分""甚是""很"。"一何"的使用频率很低，在现代汉语里也不再用作程度副词。"雅"和"笃"的使用频率也很低，在现代汉语里用作程度副词往往仅限于书面语。"丕""重"

"正""特为"在近代不再作为程度副词使用，在现代汉语里亦是如此。"很"的使用频率虽然不及"甚"和"大"，但其组合搭配功能强，这为其在现代取代"甚"和"大"成为使用频率较高的主观高量级程度副词奠定了基础。

在近代汉语里，"甚是""甚生""大为""大是""大段""大故""颇为""何等"等新兴的主观高量级程度副词主要是受原有的主观高量级程度副词"甚""大""颇""何"的影响。"煞"则为"杀"的俗字。

剩下的新兴主观高量级程度副词主要是以［＋好］［＋凶狠］［＋特异］［＋超出/超过］［＋大］［＋生出］［＋直］等语义特征为语义基础，引申为程度副词。其中以［＋大］为语义基础的最多，与上古时期相似。以［＋超出/超过］语义特征为语义基础的位居第二。在近代汉语里，新兴的主观高量级程度副词没有再出现以含［＋正］［－正］语义特征为语义基础的词。

近代汉语主观高量级程度副词的语法化过程与上古、中古时期一致。纵观古代汉语主观高量级程度副词的产生及发展，其虚化的基本条件，是以含有凸显性质的语义特征作为语义基础的；其关键因素，是后带成分的抽象化并伴随语义重心发生后移。也就是说，不是句法位置的改变使语法化得以完成，而是抽象化，即主观化使语法化成为现实。因此，主观化是语法化的基础。

在组合搭配功能上，近代汉语主观高量级程度副词可修饰动补结构。在修饰词语时，近代主观高量级程度副词往往是指向整个结构，而现代汉语里的主观高量级程度副词则是直指被修饰的性质形容词或含性状义的动词成分。

在连用上，近代汉语主观高量级程度副词与其他主观高量级程度副词的连用主要有："甚"与"大"的连用；"殊"与"大"的连用；"殊"与"极"的连用"混搭"；"颇₁"与"甚"的连用；"颇₁"与"极"的连用"混搭"；"颇₁"的重叠使用。

在句法功能上，近代主观高量级程度副词可用作补语，也可用于定语成分中。在近代，主观高量级程度副词作状语、作补语都出现了助词用作标记词的现象。

第二节　近代汉语客观高量级程度副词研究

一、近代新兴的客观高量级程度副词

依照第一章第五节对客观高量级程度副词的界定，参照前人对表程度加深的"更"类词的划分以及相关古代汉语字典、词典对于这些词的释义，近代新兴的客观高量级程度副词有：越、越发、越是、格外、分外₁、尤其、更是、转为、愈发、益发、倍常。具体阐释如下。

越、越发、越是

根据《说文解字》的释义，"越，度也"。"越"的本义是度过。如：

（421）阻穷西征，岩何越焉？——《楚辞·天问》

例（421）中的"越"作动词，表"度过"之义，宾语为"焉"。

"越"由"度过"之义可引申为"超过"。如：

（422）是大王威加于天下，而功越于汤武也。——《上书重谏吴王》

例（422）中的"越"作动词，表超过之义，由"于"引出宾语"汤武"。

（423）超商越周，与唐比踪。——《责躬诗》

例（423）中的"越"作动词，表"超过"之义，直接带宾语"周"。

"越"与上古时期的客观高量级程度副词"愈""益""尤"相似，以〔＋超过/出〕的语义特征为语义基础，伴随后带成分的抽象化和语义重心的后移，在语用因素的外力推动下，虚化为程度副词。如：

（424）宜颦宜笑越精神。——《浣溪沙·赠子文侍人名笑笑》

例（424）中的"越"作程度副词，表程度的加深，是客观高量级程度副词。

在语法功能上，"越"作客观高量级程度副词，可作状语修饰性质形容词，如例（424）中的"越"修饰"精神"，例（425）中的"越"修饰"不疼"；"越"也可作状语修饰单音节心理动词"怒"，如例（426）中的"越"修饰"怒"；"越"还可作状语修饰能愿动词短语，如例（427）中的"越"修饰"要尽忠报国"；"越"亦可作状语修饰"有＋名"结构，如例（428）中的"越"修饰"有意思"。

（425）着人拿椎棒打，越打越不疼。——《儒林外史》（第四十九回）
（426）西门庆听了，心中越怒。——《金瓶梅词话》（第二十回）
（427）自此以后，我越要尽忠报国。——《曾国藩家书》
（428）越说得圣人低，越有意思。——《朱子语类》（卷四十四）

另外在近代汉语里出现了"越A越B"的结构式，如例（425）和例（428）。其中A可以为动作动词，如例（425）中的"打"、例（428）中的"说"，但B往往必须为含性状义的词语。在现代汉语里，根据《现代汉语虚词词典》的解释，"越"作为客观高量级程度副词一般不单用。但在近代汉语里，客观高量级程度副词"越"可单用，如例（426）、例（427）。

根据张家合（2017）所述，"越发"作程度副词是由程度副词"越"加上词缀"发"组合而成。根据《说文解字》的释义，"发，射发也"。"发"的本义是放出、掷出。"发"在"越发"中的语义弱化，"越发"表程度的加深，是客观高量级程度副词。由于"越发"在近代汉语的使用频率较高，且《近代汉语虚词词典》将其列为程度副词，因此我们也将其列入研究范围。

在语法功能上，客观高量级程度副词"越发"可作状语修饰性质形容词，如（429）中的"越发"修饰"标致"；"越发"也可作状语修饰单音节心理动词，如例（430）中的"越发"修饰"恼"；"越发"还可作状语修饰能愿动词短语，如例（431）中的"越发"修饰"要生气"；"越发"亦可作状语修饰含性状义的动词短语，如例（432）中的"越发"修饰"尽职"；"越发"又可作状语修饰"有+名"结构，如例（433）中的"越发"修饰"有精神"。

（429）这西门庆仔细端详那妇人，比初见时越发标致。——《金瓶梅词话》（第四回）

（430）知县听了此言，越发恼了。——《金瓶梅词话》（第十回）

（431）老太太越发要生气了。——《红楼梦》（第二九回）

（432）袭人待宝玉也越发尽职了。——《红楼梦》（第六回）

（433）粉头、小优儿如同鲜花一般，你怜惜他，越发有精神。——《金瓶梅》（卷十）

"越""越发"可用于比字句，如例（434）、例（429）。

（434）员外活了，年六十二岁，比前越壮健。——《聊斋俚曲集·寒森曲》（第八回）

另外"越发"也可用于结构式"越发……越发……""越A越发B""越发A越B"中。如：

（435）反使金桂越发长了威风，薛蟠越发软了气骨。——《红楼梦》（第八十回）

（436）这西门庆不听便罢，越听了越发慌了。——《金瓶梅词话》（第二十八回）

（437）分明是他，<u>越发</u>细看<u>越</u>不差。——《聊斋俚曲集·慈悲曲》（第一回）

与"越 A 越 B"相似，"越 A 越发 B""越发 A 越 B"结构式中的 A 可以是动作动词，但 B 往往必须为含性状义的词。

"越是"与"甚是""极是"相似，是由客观高量级程度副词"越"与"是"组合词汇化而来。"越是"表程度的加深，因此是客观高量级程度副词。

在语法功能上，客观高量级程度副词"越是"可作状语修饰单音节性质形容词，如例（438）中的"越是"修饰"苦"；"越是"还可作状语修饰心理动词，如例（439）中的"越是"修饰"疑惑"；"越是"也可作状语修饰介宾结构，如例（440）中的"越是"修饰"把家乡盼"。

（438）智慧这个东西<u>越是</u>苦越闪光。——《曾国藩家书》

（439）宋江心内<u>越是</u>疑惑，连忙扯开封皮。——《水浒传》（第三十五回）

（440）冬里来<u>越是</u>把家乡盼。——《聊斋俚曲集·富贵神仙》（第七回）

格外

根据《说文解字》的释义，"格，木长儿"。木条交错成网格，"格"引申为"栅栏"之义，又由网格引申出"标准"之义。

"格外"连用，较早出现在魏晋南北朝。如：

（441）一年<u>格</u>长四百许万。——《南齐书》（卷四十六）

由于"格"引申义为"标准"，"格外"在此是指标准以外。"标准以外"含有"超出标准"的意思，因此"格外"含有 [+超出/过] 的语义特征。"格外"以此作为语义基础，伴随后带成分的抽象化和表义重心的后移，虚化为程度副词。如：

（442）那儿子另写信给尧阶，租谷要<u>格外</u>轻。——《曾国藩家书》

例（442）中的"格外"表程度，修饰形容词"轻"。通过例（443）我们可以看到，"格外"可用于比字句，表程度的加深，因此是客观高量级程度副词。

（443）所以马路上的马车比别的时候<u>格外</u>来得多些。——《九尾龟》（四）

在语法功能上，客观高量级程度副词"格外"可作状语修饰性质形容词，如例（442）中的"格外"修饰"轻"；"格外"也可作状语修饰心理动词，如例（444）

中的"格外"修饰"关心"；"格外"还可作状语修饰动补结构，如例（443）中的"格外"修饰"来得多些"；"格外"又可作状语修饰含性状义动词，如例（445）中的"格外"修饰"讨好"；"格外"亦可作状语修饰"有＋名"结构，如例（446）中的"格外"修饰"有分寸"。

（444）所以格外关心。——《官场现形记》（第二十三回）

（445）何必要给他绸的，格外讨好呢？——《二十年目睹之怪现状》（三八回）

（446）所以那大夫用药，就格外有了分寸。——《二十年目睹之怪现状》（一〇三回）

分外₁

"分"与"外"连用，最早出现在魏晋南北朝时期，表"职分之外、本分之外"之义。如：

（447）上不责非职之功，下不务分外之赏。——《三国志·魏志·程昱传》

到了晚唐五代，"分外"可作状语，修饰性质形容词或心理动词。如：

（448）人生分外愁。——《句》

（449）或使照筵宴，造饮食，则分外光明。——《开元天宝遗事》

"分外"表职分之外、本分之外，含有超出平常之义。因此"分外"与"非常、异常"相似，含有［＋超出／过］的语义特征。"分外"以此为语义基础，伴随后带成分的抽象化和语义重心的后移，"分外"可表程度高，由此例（448）、例（449）中的"分外"可视为高量级程度副词。

根据王秀玲（2007）所述，近代"分外"作程度副词，从宋代开始，以后每个时代都可以将"分外"用于比字句。如：

（450）直待秋风，香比余花分外浓。——《采桑子》

例（450）中"分外"有明确的比较对象，可用于比字句，因此"分外"在近代属于客观高量级程度副词，记作分外₁。

在语法功能上，客观高量级程度副词"分外"可作状语修饰性质形容词，如例（450）中的"分外"修饰"浓"；"分外"也可作状语修饰心理动词，如例（451）中的"分外"修饰"珍重"；"分外"还可作状语修饰动补结构，如例（452）中的

"分外"修饰"打得狠"。

（451）若平日爱花的，听了自然将花**分外**珍重。——《醒世恒言》（卷四）

（452）已打在脸上，比哪吒**分外**打得狠。——《封神演义》（第五十三回）

另外"分外"用作客观高量级程度副词，修饰含性状义词语时也出现了使用助词的情形。如：

（453）其余逼招拷打，又是**分外**的受用。——《二刻拍案惊奇》（卷十二）

尤其

"尤其"由客观高量级程度副词"尤"和"其"组合而成。其词汇化过程与"何其"相似，在此不再赘述。"尤其"表程度的加深，是客观高量级程度副词。

在语法功能上，客观高量级程度副词"尤其"可作状语修饰性质形容词，如例（454）中的"尤其"修饰"精妙"；"尤其"也可作状语修饰能愿短语，如例（455）中的"尤其"修饰"不要怪"；"尤其"还可作状语修饰动补结构，如例（456）中的"尤其"修饰"办得好"。

（454）后面两大股文章，**尤其**精妙。——《儒林外史》（第二回）

（455）不要怀疑到是敌匪的毒计，**尤其**不要怪是仇家的奸细干的。——《曾国藩家书》

（456）易念园庄生几处送上路的财物，**尤其**办得好。——《曾国藩家书》

更是、转为

"更是""转为"分别由客观高量级程度副词"更""转"和词缀"是""为"经词汇化而来。"更是""转为"表程度的加深，是客观高量级程度副词。其词汇化过程与"甚为""甚是"相似，在此不再赘述。

在语法功能上，客观高量级程度副词"更是""转为"可作状语修饰性质形容词词组。如例（457）中的"更是"修饰"不均"，例（458）中的"转为"修饰"不妙"。

（457）今日禄令更莫说，**更是**不均。——《朱子语类》（卷十九）

（458）倘然因小失大，**转为**不妙。——《儿女英雄传》（第二十三回）

愈发、益发

"愈发""益发"由客观高量级程度副词"愈""益"和词缀"发"组合而成。其词汇化过程与"越发"相似。"愈发""益发"表程度的加深，是客观高量级程度副词。

在语法功能上，客观高量级程度副词"愈发"可作状语修饰性质形容词，如例（459）中的"愈发"修饰"欢喜"。

（459）（文）天祥见他如此，<u>愈发</u>欢喜。——《痛史》（七回）

客观高量级程度副词"益发"可作状语修饰性质形容词，如例（460）中的"益发"修饰"好"；"益发"也可作状语修饰心理动词，如例（461）中的"益发"修饰"喜欢"。

（460）他老人家精神是<u>益发</u>好了。——《儿女英雄传》（第三十八回）

（461）李瓶儿因过门日子近了，比常时<u>益发</u>喜欢得了不的。——《金瓶梅词话》（第十六回）

另外客观高量级程度副词"益发"可写作"一发"或"亦发"。如《醒世姻缘传》（一五回）中的"和尚径不见有个州里的人出来，<u>一发</u>疑心起来"；《红楼梦》（第二十三回）中的"宝玉<u>亦发</u>得了意"。

倍常

前文提到，根据《说文解字》的释义，"倍，反也"。"倍"的本义是背反、背向。因此"倍常"的语义最初是背反一般，不同于一般，与"尤"的引申义"特异"相似。也就是说"倍常"含有［＋特异］［＋超出/过］的语义特征。以此为语义基础，伴随后带成分的抽象化和语义重心的后移，"倍常"虚化为程度副词。如：

（462）两个老儿<u>倍常</u>欢喜。——《儿女英雄传》（第二十九回）

例（462）中的"倍常"表程度的加深，是客观高量级程度副词。

在语法功能上，客观高量级程度副词"倍常"可作状语修饰性质形容词，如例（462）中的"倍常"修饰"欢喜"；"倍常"还可作状语修饰"有＋名"结构，如例（463）中的"倍常"修饰"有兴"。

（463）出入往来的那班家丁<u>倍常</u>有兴。——《儿女英雄传》（第三十六回）

二、使用频率

参照张家合（2017：113）的统计，即通过表4－3，在近代大量语料中，汉语客观高量级程度副词中使用频率最高的是"更"，与上古、中古时期都不同。这与"更"在中古时期是连用现象最多的客观高量级程度副词有关。其次使用频率较高的是新兴成员"越发""越"，其组合搭配能力很强。与上古、中古时期一致，使用频率高的则组合搭配能力强。"愈""尤""益"作客观高量级程度副词在近代的使用频率均下降。中古时期的客观高量级程度副词在近代仍被沿用。双音节词"越发"的使用频率高于单音节词"越"，这是汉语双音节词呈优势发展态势的体现。

表4－3 近代汉语客观高量级程度副词的使用频率

	更	越发	越	愈	尤	格外
数量	1312	466	339	342	216	117
占比	39.01%	13.86%	10.08%	10.17%	6.42%	3.48%
	益	益发	更是	分外	转	加
数量	116	98	88	82	69	29
占比	3.45%	2.92%	2.62%	2.44%	2.05%	0.86%
	弥	倍	尤其	更为	越是	滋
数量	28	26	24	2	2	2
占比	0.83%	0.77%	0.71%	0.06%	0.06%	0.06%
	倍常	尤为	愈发	转为	合计	
数量	2	1	1	1	3363	
占比	0.06%	0.03%	0.03%	0.03%	100%	

三、语义特征和语法化

近代新兴的客观高量级程度副词除了以"是""为""发"作为词缀的形式外，其他基本都以［＋超出/过］的语义特征作为语法化的语义基础，与上古时期的"愈""益""尤"一致。

以"越"为例，例（421）中的"越焉"，"越"后带成分为宾语"焉"，不具有抽象性，因此"越"在此作动词，不可能虚化为程度副词。又如例（423）中的"越周"，"周"为表地点的名词，不具有抽象性，因此此处的"越"也不能虚化为程度副词。例（424）中的"越精神"、例（426）中的"越怒"，由于"不好""怒"具有抽象性、主观性，因此"越"在此虚化为表程度的加深。由此可见，近代汉语客观高量级程度副词，其语法化的过程与上古、中古时期一致。皆是在含有某一特定语义特征的语义基础上，伴随后带成分的抽象化及语义重心的后移虚化而来。由于抽象化是主观化的一种手段，因此，就古代汉语客观高量级程度副词而言，主观化是语法化的基础。

[＋超出/过]的语义特征经隐喻机制可表程度的加深，因此在语用因素的外力推动下，最终能促成语法化的完成。

四、组合搭配功能和句法功能

在近代，受结果补语、程度补语已出现的影响，客观高量级程度副词出现了搭配动补结构的新现象。如例（443）中的"格外"修饰动补结构"来得多些"；例（452）中的"分外₁"修饰动补短语"打得狠"；例（456）中的"尤其"修饰动补结构"办得好"。同时，客观高量级程度副词也可作状语用于补语成分中。如：

（464）今番比着前番做的更加烧辣些。——《三宝太监西洋记通俗演义》（第十回）

例（464）中的客观高量级程度副词"更"和"加"连用，修饰性质形容词词组"烧辣"，用于补语成分中。不过在近代，客观高量级程度副词不能用作补语。

在近代汉语里，随着比字句的出现，"越发""越""格外""分外₁"都可用于比字句。如例（429）中的"比初见时越发标致"，例（434）中的"比前越壮健"，例（443）中的"比别的时候格外来得多些"，以及例（450）中的"香比余花分外浓"。

与主观高量级程度副词相似，在修饰词语时，近代汉语客观高量级程度副词修饰整个结构。如例（443）中的"比别的时候格外来得多些"，这里的客观高量级程度副词"格外"修饰"来得多些"整个结构。在现代汉语里，这句话往往说成"比别的时候来得格外多些"。也就是说在现代汉语里，客观高量级程度副词往往是直指结构中的形容词成分或是含性状义的动词成分。

在近代，客观高量级程度副词作状语出现了助词用作标记词的现象。如例（453）中的"又是分外的受用"。客观高量级程度副词"分外"作状语修饰"受用"，中间出现了助词"的"作为标记词。

在连用上，近代客观高量级程度副词很少再出现与"稍""复"的连用，根据《近代汉语虚词词典》的释义，只有"稍"和"益"的连用以及"益"和"复"的连用。另外"尤"和"益"的连用、"更"和"倍"的连用、"更"和"益"的连用、"更"和"愈"的连用、"甚"和"倍"的连用、"转"和"倍"的连用以及"尤"和"绝"的连用都不再出现。沿用上古、中古时期的连用情况还有："更"和

"加"的连用、"愈"和"加"的连用、"愈"和"益"的连用、"益"和"大"的连用、"益"和"更"的连用、"益"和"加"的连用、"转"和"更"的连用、"尤"和"加"的连用、"倍"和"加"的连用、"倍"和"益"的连用。新增的连用现象有：

(465) 如斯数满长无倦，能把因缘<u>更转</u>精。——《妙法莲华经讲经文》（三）

(466) 把得问头，<u>特地更</u>闷。——《燕子赋》

(467) 其味<u>尤更</u>馨香。——《玉堂闲话·竹实》

(468) 行者闻得这话，<u>越加</u>嗔怒。——《西游记》（第十五回）

(469) 欣欣向荣，<u>越益</u>繁茂。——《儿女英雄传》（第二十九回）

(470) 天子带酒观师师之貌，<u>越越</u>的风韵。——《宣和遗事·亨集》

(471) 再有一个稳如铁炮的去处，<u>愈更</u>直捷。——《醒世姻缘传》（五回）

(472) 曾子到此<u>愈极</u>分明。——《朱子语类》（卷三十五）

(473) 大王又<u>转大</u>怒。——《悉达太子修道因缘》

(474) 看见这般做作，<u>转加</u>苦楚。——《醒世恒言》（卷三六）

(475) 且与铁钱一等，虑铁钱<u>转更加</u>轻。——《宋史·食货志下·钱币》

(476) 连那在场的诸位，也都<u>加倍</u>的高兴。——《儿女英雄传》（第十六回）

(477) 老马得胜越发诈，比前<u>加倍更</u>酷贪。——《聊斋俚曲集·富贵神仙》

(478) 老夫人脉息，比前番<u>甚加</u>沉重些。——《金瓶梅词话》（第六十一回）

例（465）中的客观高量级程度副词"更"和"转"连用，作状语修饰单音节性质形容词"精"。例（466）中的主观高量级程度副词"特"和客观高量级程度副词"更"连用，作状语修饰单音节心理动词"闷"。例（467）中的客观高量级程度副词"尤"和"更"连用，修饰性质形容词"馨香"。例（468）中的客观高量级程度副词"越"和"加"连用，作状语修饰性质形容词词组"嗔怒"。例（469）中的客观高量级程度副词"越"和"益"连用，修饰性质形容词"繁茂"。例（470）中的客观高量级程度副词"越"重叠使用，作状语修饰性质形容词"风韵"。例（471）中的客观高量级程度副词"愈"和"更"连用，作状语修饰性质形容词（词组）"直捷"。例（472）中的客观高量级程度副词"愈"和主观极量级程度副词"极"连用，作状语修饰性质形容词"分明"。例（473）中的客观高量级程度副词"转"和主观高量级程度副词"大"连用，作状语修饰单音节心理动词"怒"。例（474）中的客观高量级程度副词"转"和"加"连用，修饰性质形容词（词组）"苦楚"。例（475）中的客观高量级程度副词"转""更""加"连用，作状语修饰单音节性质形容词"轻"。例（476）中的客观高量级程度副词"加"和"倍"连用，作状语修饰性质形容词"高兴"。例（477）中的客观高量级程度副词"加""倍""更"连用，作状语修饰性质形容词词组"酷贪"。例（478）中的主观高量级程度副词"甚"和客观高量级程度副词"加"连用，作状语修饰性质形容词"沉重"。

三连用中除了客观高量级程度副词的连用，还出现了混搭现象。如《汉将王陵变》中的"霸王闻语，转加大怒"，客观高量级程度副词"转""加"和主观高量级程度副词"大"连用，修饰单音节心理动词"怒"。

五、小结

近代汉语使用频率最高的客观高量级程度副词是"更"，与上古、中古时期都不同。其次使用频率较高的是新兴成员"越发""越"。"愈""尤""益"作客观高量级程度副词在近代的使用频率均下降。中古时期的客观高量级程度副词在近代仍被沿用。

近代新兴的客观高量级程度副词除了以"是""为""发"作为词缀的形式外，其他基本都以含有［＋超出/过］的语义特征作为语法化的语义基础。近代汉语客观高量级程度副词，其语法化的过程与上古、中古时期一致。皆是在含有某一特定语义特征的语义基础上，伴随后带成分的抽象化及语义重心的后移虚化而来。由于抽象化是主观化的一种手段，因此，就古代汉语客观高量级程度副词而言，主观化是语法化的基础。［＋超出/过］的语义特征经隐喻机制可表程度的加深，因此在语用因素的外力推动下，最终促成语法化的完成。

与上古、中古时期一致，使用频率高的客观高量级程度副词的组合搭配能力强。在近代，受结果补语、程度补语已出现的影响，客观高量级程度副词出现了搭配动补结构的新现象，但近代客观高量级程度副词不能用作补语。在近代汉语里，比字句的出现，致使"越发""越""格外""分外$_1$"都可用于比字句。

与主观高量级程度副词相似，在修饰词语时，近代汉语客观高量级程度副词修饰的是整个结构。

在近代，客观高量级程度副词作状语也出现了助词用作标记词的现象。

在连用上，近代客观高量级程度副词很少再出现与"稍""复"的连用。中古时期的部分连用现象在近代不复存在，同时又增添了新的连用组合现象，特别是出现了"转更加""加倍更""转加大"三个高量级程度副词连用的现象以及"越越"的重叠使用。

第三节　对比分析

近代汉语主观高量级程度副词和客观高量级程度副词在演变过程中，既有相似之处，也有不同之处。其相似之处体现在：一是二者的语法化过程，与上古、中古时期一致，皆是以含有某一类语义特征为语义基础，通过隐喻机制，伴随后带成分的抽象化以及语义重心的后移，又加之语用因素在临界状态的外力推动作用，实词虚化为高量级程度副词。二是二者在近代出现了新的组合搭配对象——动补结构。三是二者在近代都有新兴成员，并都出现了连用现象。

近代汉语主观与客观高量级程度副词在演变过程中的不同之处主要体现在：一是主要含有的语义特征不同。主观高量级程度副词以含有［＋大］的语义特征居多；客观高量级程度副词以含有［＋超过/出］的语义特征居多。这是由于二者在表义上不同，其具体的隐喻过程不同。二是在连用上，客观高量级程度副词连用现象相较于主观高量级程度副词而言较多，并出现了重叠使用和三连用现象，但与"稍""复"的连用更少出现。三是主观高量级程度副词的新兴成员的数量比客观高量级程度副词多不少。这是由于主观高量级程度副词比客观高量级程度副词的主观性强，人们在表达主观高量时，对主观高量级程度副词有更多的求新意识。四是客观高量级程度副词不能用作补语，而主观高量级程度副词在近代却出现了用作补语的情形。

第五章　现代汉语主观与客观高量级
程度副词的对比研究

第一节　现代汉语主观高量级程度副词研究

一、现代汉语新兴的主观高量级程度副词

1. 现代汉语新兴主观高量级程度副词

依照第一章第五节对主观高量级程度副词的界定，参照前人研究以及相关现代汉语字典、词典对于这些词的释义，现代汉语新兴主观高量级程度副词有：特别、太$_2$、相当、够、分外$_2$。具体阐释如下。

特别

"特别"作为词，出现于近代，可表"特意"之义。如：

（479）既以亲旧厚意，常使之外，今<u>特别</u>遣大臣虞庆则往彼看女，复看沙钵略也。——《隋书·突厥称臣于隋》

"特别"还可表"与众不同，超出一般"之义。如：

（480）数日，见桑麻地土<u>特别</u>，吕布问："此处是那里？"——《三国志平话》（上卷）

与上古汉语里出现的主观高量级程度副词"殊"，中古新兴的"特""奇"，近代新兴的"怪""非常""异常"等相似，"特别"含有［＋特异］［＋超出］的语义特征。以此作为语义基础，伴随后带成分的抽象化和语义重心的后移，"特别"虚化为程度副词。如：

（481）那段时间，宋军鹏体能消耗<u>特别</u>大。——《人民日报》（2021 年 12 月 2日第 4 版"竭诚为民　担当实干"）

例（481）中的"特别"表程度高，无客观对比对象和限定范围，独立地表程度，呈主观色彩，不用于比字句，是主观高量级程度副词。

在语法功能上，现代汉语的主观高量级程度副词"特别"可作状语修饰性质形容词，如例（481）中的"特别"修饰"大"；"特别"也可作状语修饰心理动词，如（482）中的"特别"修饰"想"；"特别"还可作状语修饰含性状义的动词，如例（483）中的"特别"修饰"像"。

（482）我特别想通过改编，以影像的方式展示这种劳动精神的传承接续。——《人民日报》（2021年10月19日第20版"有坚实根基，才有绵延生命力"）

（483）马褂木因为硕大的叶片特别像古人穿的马褂而得名。——《人民日报》（2019年11月27日第20版"不如静对一院秋"）

太₂

"太"最早写作"泰"。《说文解字》有云："太，古文泰如此。"《说文通训定声》又有云："泰，今作太。"也就是说程度副词"太"在先秦两汉多写作"泰"，后世才写作"太"。据此我们主要从"泰"的词义演变进行阐述。

《说文解字》提到，"泰，滑也"。段注："水在手中下溜甚利也。"也就是说"泰"的本义是"水下溜甚畅"。因此"泰"的较早的语义可理解为"通达，通畅"。如：

（484）泰者，通也。——《周易·序卦》

"泰"在例（484）中表"通达、通畅"之义。

结合《说文解字》中的"泰，滑也"和段注中的"滑则宽裕自如，故引伸为纵泰"。我们可以看到，"泰"由本义"滑"、较早的语义"通达、通畅"，可延伸、引申为"宽裕""骄纵、傲慢"之义。如：

（485）凡虑事欲孰，而用财欲泰。——《荀子·议兵》
（486）是故君子有大道，必忠信以得之，骄泰以失之。——《大学·中庸》

例（485）中的"泰"表"宽裕"的意思，例（486）中的"泰"是指"骄纵、傲慢"。

"泰"由"宽裕"等义还可以引申为"过甚、过分"之义。如：

（487）是以圣人去甚，去奢，去泰。——《老子》（二十九章）

例（487）中的"泰"为"过甚、过分"之义。

由上述例子我们可以看到，除例（486）外，"泰"作形容词往往独立使用。另外"泰"作形容词，其后带名词还可以引申出"大、极大"之义。如：

（488）假尔泰龟有常，假尔泰筮有常。——《礼记·曲礼上》

例（488）中的"泰"作赞美之词，表"大、极大"之义。在此例中，"泰"并非单独使用，而是作形容词修饰名词"龟""筮"。

段注提道："后世凡言大而以为形容未尽则作太。"前文提到，后世的"太"在上古时期多写作"泰"。结合"泰""过甚、过分"和"大、极大"的语义，以及段注提到的"凡言大而以为形容未尽则作太"，我们可以看到"泰"含有［＋过分］［＋大］的语义特征。"泰"以此作为语义基础，当后带成分抽象化，便引申为表超过常规程度。如：

（489）赵简子谓左右曰："车席泰美。"——《韩非子·外储说下》
（490）吾恶能为吾万民之身。若为吾身。此泰非天下之情也。——《墨子·兼爱》

例（489）、例（490）中的"泰"无客观对比对象和限定范围，独立地表程度，呈主观色彩，不用于比字句。"泰"表程度超过常规程度，是主观超量级程度副词。

在语法功能上，"泰"可作状语修饰单音节性质形容词，如例（489）中的"泰"修饰"美"；也可以作状语修饰动词短语，如例（490）中的"泰"修饰"非天下之情"。

在上古时期，作程度副词时的"泰"，有时也写作"太""大"。如：

（491）大臣太重者国危。——《战国策·秦策一》
（492）居简而行简，无乃大简乎？——《论语·雍也》

在语法功能上，作程度副词的"太""大"同"泰"均可作状语修饰单音节性质形容词。如例（491）中的"太"修饰"重"，例（492）中的"大"修饰"简"。但在后世，"泰"多写作"太"。

由上古时期开始，历经中古、近代到现代，"太"一直是使用频率最高的主观超量级程度副词。

从近代开始，程度副词"太"出现了主观超量级和主观高量级的分化。如：

（493）少府稀来，岂不尽乐？五嫂<u>太</u>能作舞，且劝作一曲。——《游仙窟》

根据《近代汉语虚词词典》第 600 页的释义，例（493）中的"太"应理解为"很、非常"。这里的"太"表程度高，应视为主观高量级程度副词，但这类用法在近代汉语里比较少见。

然而到了现代，"太"作程度副词的分化越发明显。如：

（494）观众<u>太</u>高兴了，光喊好，鼓掌不足以表达他们的心情。——《鲁豫有约开心果》（CCL）

（495）朱老忠猛地又想到一桩事情，脸向下沉了一会，自言自语："可也别<u>太</u>高兴了，天有不测风云，人有旦夕祸福啊！——《红旗谱》（CCL）

例（494）中的"太"表"很、非常"之义，应视为主观高量级程度副词。例（495）的"太"表超过常规程度，是主观超量级程度副词。至此，我们把主观超量级程度副词"太"记作"太$_1$"，把主观高量级程度副词记作"太$_2$"。未标记时，作程度副词使用的"太"表主观超量。

根据表 5－1 的统计，"太$_2$"可以与所有所选的高频性质形容词使用。由此可见其使用频率高，扩展性强。

相当

"相当"在上古时期便已出现。如：

（496）而民之铸钱益少，计其费不能<u>相当</u>。——《史记·平准书》

例（496）中的"相当"义为"相抵、相敌"。
"相当"在上古汉语里还可表"相向、相对峙"之义。如：

（497）不待两军<u>相当</u>而胜败存亡之机固已形于胸中矣。——《史记·苏秦列传》

到了近代，"相当"可表"合适、般配"之义。如：

（498）只是这里没个<u>相当</u>的人为那丫头做主。——《一层楼》（第二十一回）

另外在近代汉语里，"相当"可用于"有"字句中。如：

（499）任人如本道有<u>相当</u>职员，任奏请转改。——《唐要会》（卷七十九）

这一用法在唐代并不多见，但在清代则呈逐渐增加之势。如：

（500）咱们大家回到镖局之内，自有<u>相当</u>的待遇。——《三侠剑》
（501）本都院必有<u>相当</u>的报酬。——《三侠剑》

例（500）、例（501）的"相当"仍可解释为"合适"。根据曹秀玲（2008）所述，此类"相当"修饰名词性成分，表示事物达到较大的数量和规模，含有大量语义成分。刘丹青（2011）指出，"有"字领有句具有表多的倾向，即可表量大。因此，例（500）和例（501）可理解为有"相当高的待遇""相当高/多的报酬"。

又依据例（502）至例（504）我们可以看到，"有相当的差距"含有"有相当大的差距"的含义，另外还可以省略"有"直接采用"相当大的差距"的说法。

（502）防伪技术产品产业还处于发育、发展阶段，和国际先进水平相比较，有<u>相当</u>的差距。——1994年报刊精选（CCL）
（503）农金会的经营、人员、管理、资产负债情况等，离正式金融机构尚有<u>相当</u>大的差距。——1994年报刊精选（CCL）
（504）营业人员技术素质和职业道德都存在<u>相当</u>大的差距。——1994年报刊精选（CCL）

句式"有相当X"从形式上并不能预测出"量大"的含义，但其隐含有"大量"的语义，因此"有相当X"可视为构式。雷冬平（2018）指出，构式"有相当X"隐含有"大量"的含义，是"相当"虚化为程度副词的重要条件。我们赞同这一观点。

至此，"相当"在构式"有相当X"隐含的量大的基础上，隐含有［＋大］的语义特征。以此作为语义基础，伴随后带成分的抽象化和语义重心的后移，"相当"虚化为程度副词。例（504）中的"相当"无客观对比对象和限定范围，独立地表程度高，呈主观色彩，不用于比字句，是主观高量级程度副词。

在语法功能上，主观高量级程度副词"相当"可作状语修饰性质形容词，如例（504）中的"相当"修饰"大"；"相当"也可作状语修饰心理动词，如例（505）中的"相当"修饰"想念"；"相当"亦可作状语修饰含性状义动词，如例（506）中的"相当"修饰"像"。

（505）我是<u>相当</u>想念的，但是我会平淡下去，我知道。——《天才》（CCL）
（506）她长得很像晓霜，<u>相当</u>像，可是，她不是晓霜。——《雁儿在林梢》（CCL）

另外根据蔡丽（2010）所提，《现代汉语词典》（第 5 版）、《现代汉语八百词》和《现代汉语虚词词典》（张斌，2001）都指出，"相当"表程度低于"低"。受赵本山 2006 年春晚小品《小崔说事》中"那怎么是特别壮观呢，那场面是<u>相当</u>壮观"等的影响，"相当"表程度高于"特别"，不再低于"很"。由此可见主观高量级程度副词"相当"具有很强的主观性。

够

《说文解字》中无"够"字。根据《王力古汉语字典》和《古代汉语词典》（第 2 版）的释义，"够"的本义是多。如：

（507）繁富夥<u>够</u>，非可单究。——《魏都赋》

根据《王力古汉语字典》第 177 页的解释，"满足"后称为"够"。如：

（508）这么些婆婆婶子凑银子给你做生日，你还不<u>够</u>，又拉上两个苦瓠子。——《红楼梦》（第四十三回）

在近代汉语里，"够"可以与性质形容词搭配使用。如：

（509）客边滋味，受得<u>够</u>苦楚了，如何呼我做翰林？——《云中事记》
（510）好兄弟，你也快活<u>够</u>了，该吃这一吓！——《野叟曝言》

例（510）中的"够"仍然可理解为"满足"。根据赵志强、陈满华（2019）所述，例（509）的"够"可表程度。由于例（509）中的"够"不宜用表数量的"多"或满足进行解释，因而我们赞同赵文的看法。由于近代汉语相关的字典、词典未将"够"归为程度副词，且本书附录 1 中的语料中未出现"够"表程度作状语、修饰性质形容词的用法，因此在近代汉语里，未将"够"列为程度副词。

"够"本义为"多"，即数量大，含有［＋大］的语义特征。以此作为语义基础，伴随后带成分的抽象化和语义重心的后移，"够"虚化为程度副词。如：

（511）孙中山答应道："嗯，这屋里是<u>够</u>冷的。"——《宋氏家族全传》（CCL）

例（511）中的"够"表程度高，无客观对比对象和限定范围，独立地表程度，呈主观色彩，不用于比字句，是主观高量级程度副词。

在语法功能上，现代汉语的主观高量级程度副词"够"可作状语修饰性质形容词，如例（511）中的"够"修饰"冷"；另外也可作状语修饰心理动词，如例（512）中的"够"修饰"喜欢"。

（512）莉娅也是够喜欢她的。——《简·爱》（CCL）

分外₂

"分外"在近代是用作客观高量级程度副词的。然而到了现代，根据《现代汉语虚词词典》第184页的解释，"分外"表程度高，不用于比较句，因此可视为主观高量级程度副词，记作分外₂。

在语法功能上，主观高量级程度副词"分外"可作状语修饰性质形容词，如例（513）中的"分外"修饰"亲热"；"分外"也可作状语修饰心理动词，如例（514）中的"分外"修饰"感激"。

（513）看到穷人就想起自己的爹娘，分外亲热。——《人民日报》（1947年4月16日第2版"汶上大队二连帮助群众翻身"）

（514）大字报撕下来了，3名作者今天对老师分外感激。——《人民日报》（1989年11月4日第5版"他为学生耗尽了心血"）

"分外"由近代的客观高量级程度副词转化为主观高量级程度副词，这是其主观性增强的体现。另外根据《现代汉语虚词词典》第184页的解释，"分外"主要用于书面语。

综上，现代汉语新兴的主观高量级程度副词主要以［+超出］［+大］的语义特征作为语法化的语义基础，其中又以［+超出］居多。

2. 现代汉语主观高量级程度副词的使用情况

现代汉语里主观高量级程度副词沿用古代汉语的有：甚、大、好、十分、甚是、很、良、深、好不、煞、殊、颇₁、怪、非常、生、异常、不胜、老、甚为、深为、何等、多么、特、万分、老大、挺、多、酷、何其、多么、盛、奇、颇为、大为、好是、雅、笃。其中"良、甚、甚是、煞、殊、何等、万分、颇为、大为、甚为、深为、好是、酷、何其、雅、笃"等，它们往往用于书面语，或者说带有较强的文言色彩。"挺、怪"仍与近代汉语里的用法相同，作主观高量级程度副词时多用于口语。"生、不胜、盛、老大"往往局限于某些固定的词语搭配。

"奇""好是"在《现代汉语词典》（第7版）和《现代汉语虚词词典》中都未被列入程度副词。但由于在北大CCL语料库中我们仍然可以找到其用作程度副词的情况，如例（515）、例（516），因此本书将"奇""好是"列为现代汉语主观高量级程度副词。"蛮、好生、精"表程度主要用于方言。"大段、大故、偏、多少₁、何、煞是、差₁、大是、甚生、万千、一何"不再用作程度副词。"颇"在现代汉语里只用作高量程度副词，不再用作低量程度副词。

表 5-1　现代汉语主观高量级程度副词用作状语的搭配使用情况

状语	大	好	多	老	红	高兴	容易	幸福	美丽	漂亮
特别	●	●	●	●	●	●	●	●	●	●
相当	●	●	●	●	●	●	●	●	●	●
够	●	●	●	●	●	●	●	●	●	●
分外₂	●	●	●	○	●	●	●	●	●	●
太₂	●	●	●	●	●	●	●	●	●	●
很	●	●	●	●	●	●	●	●	●	●
非常	●	●	●	●	●	●	●	●	●	●
十分	●	●	●	●	●	●	●	●	●	●
挺	●	●	●	●	●	●	●	●	●	●
多	●	●	○	●	●	●	●	●	●	●
多么	●	●	●	●	●	●	●	●	●	●
特	●	●	●	○	●	●	●	●	○	●
怪	●	●	●	○	○	●	○	○	●	●
甚	●	●	●	●	●	●	●	●	●	○
大	●	●	●	●	●	●	●	●	●	●
好	●	●	●	●	●	●	●	●	●	●
甚是	○	○	○	○	○	●	●	●	●	●
良	○	○	●	○	○	○	○	○	○	○
深	○	○	○	○	○	○	○	○	○	○
好不	○	○	○	○	○	●	○	○	●	●
煞	○	○	○	○	○	○	○	○	○	○
殊	●	○	●	○	○	○	○	○	⊙	○
颇₁	●	●	●	●	●	●	●	○	●	●
生	○	○	○	○	○	○	○	○	○	○

（续上表）

状语	大	好	多	老	红	高兴	容易	幸福	美丽	漂亮
异常	●	●	●	○	○	●	●	○	●	●
不胜	○	○	○	○	○	●	○	○	●	○
老	●	●	●	○	○	●	○	●	●	●
甚为	○	○	○	○	○	●	●	●	○	●
深为	○	○	○	○	○	●	○	●	●	○
何等	●	●	●	○	○	●	●	●	●	○
万分	○	○	○	○	○	●	○	●	○	○
老大	○	○	○	○	○	○	○	○	○	○
酷	○	○	○	○	○	○	○	○	○	○
何其	●	●	●	○	●	●	○	○	●	○
万般	○	●	○	○	○	○	○	○	○	○
盛	○	○	○	○	○	○	○	○	○	○
奇	●	○	●	○	○	○	○	○	○	○
颇为	○	○	○	○	○	●	○	●	○	●
大为	○	○	○	○	○	●	○	○	○	○
好是	○	○	○	○	○	●	○	○	○	○
雅	○	○	○	○	○	○	○	○	○	○
笃	○	○	○	○	○	○	○	○	○	○

●可搭配　○未出现搭配使用的情况

（515）从病程看，恰似"打摆子"，高烧之后必定奇冷。——《人民日报》（1996 年 3 月）（CCL）

（516）母亲听我念了信，好是高兴。——《人民日报》（1995 年 7 月）（CCL）

江蓝生（2016）指出，要了解汉语各种语法形式诱发原因和运作过程中具有汉语特色的特点和规律，需要进行扎实的个案研究。本书通过对古代汉语主观和客观高量级程度副词演变发展的考察发现：上古时期没有结果补语，更不可能有程度补语。因此程度副词从上古时期开始，主要用作状语。在词义演变过程中，语义基础是基本，后带成分的抽象化是关键。抽象化的具体体现，是后带成分变为性质形容词或心理动词。纵观古代汉语高量级程度副词的组合搭配对象，除"偏""雅""深为"以外，其他都能作状语修饰性质形容词。"偏"是由于上古时期的语料资源有限未能找到修饰形容词的例句，但其在中古时期、近代也可以搭配性质形容词使用。"雅"和"深为"从古代到现代，其搭配对象主要为心理动词，且使用频率都较低。由此可见，使用频率高的高量级程度副词，都能作状语修饰性质形容词。这是语义双向选择的结果，也是使用频率高的高量级程度副词的基本特征之一。性质形容词能够被高量级程度副词修饰，是因为其具有量性特征。反过来，能否作状语修饰性质形容词，是判定是否是高量级程度副词的重要标准。能否与高频性质形容词搭配使用，是高频高量级程度副词的一大特征。因此我们可以通过其与高频性质形容词搭配使用的情况，来窥探高量级程度副词的扩展性是否强，是否属于高频使用。

根据周娟（2008）所述并结合《现代汉语频率词典》提供的词频情况，使用频率靠前的五个单音节性质形容词为：大、好、多、老、红；双音节为：高兴、容易、幸福、美丽、漂亮。我们将通过查询北大 CCL 语料库、国家语委语料库、人民日报图文数据库（1946—2021），寻找现代汉语高量级程度副词与这些词的搭配情况，以此考察现代汉语高量级程度副词的使用情况。

根据表 5-1 的统计，即通过查询北大 CCL 语料库、国家语委语料库、人民日报图文数据库（1946—2021），我们可以看到，在现代汉语主观高量级程度副词中，能够与所有所选的使用频率较高的性质形容词进行搭配的有：很、非常、十分、特别、挺、多么、好、相当、够。由此可见其组合搭配的能力强。其中所有新兴的主观高量级程度副词的组合搭配能力都较强，这是人们喜新厌旧心理的体现。"深、煞、老大、酷、生、盛、雅、笃"则不能跟所选的性质形容词搭配使用，这主要是受其具有的文言色彩的影响，又或者是受限于书面语以及某些固定搭配使用所致。

在所选的高频使用的性质形容词中，"高兴"能与大部分现代汉语主观高量级程度副词搭配，是较常见的被修饰对象。通过表 5-2 的统计，我们发现，"很高兴"出现的频率最高，占比 52.07%。作为古代汉语中使用频率最高的"甚"，其使用频率明显低于"很"，仅占 0.03%。如前文所述，近代汉语里"很"的组合搭配对象比"甚"丰富，这为其在现代取代"甚"成为使用频率更高的主观高量级程度副词奠定了基础。作为古代汉语里一直被高频使用的主观高量级程度副词，"甚"的语义磨损较大。因此在现代，"甚"的地位被"很"取代，其使用频率大大降低。根据表 5-5①的统计，"很"还可以作补语与所有所选的高频性质形容词搭配使用。

---

① 表是通过北大 CCL 语料库、国家语委语料库、人民日报图文数据库（1946-2021）、北京语言大学汉语语料库 BCC、人民网、腾讯网、搜狐网、新浪微博、百度贴吧等的查询的统计。

表 5 - 2　组合搭配能力较强的现代汉语主观高量级程度副词作状语修饰"高兴"的使用情况

	很	非常	十分	特别	太$_2$	挺	多么
数量	6222	2912	1607	403	329	201	148
占比	52.07%	24.37%	13.45%	3.37%	2.75%	1.68%	1.24%
	好	相当	够	甚	合计		
数量	92	25	8	3	11950		
占比	0.76%	0.21%	0.07%	0.03%	100%		

二、当代汉语新兴主观高量级程度词

依照第一章第五节对主观高量级程度副词的界定，当代汉语新兴的主观高量级程度词有：很是、超、巨、狂、爆、暴、简直不要太$_2$X、坏、透、翻（天）、炸。具体阐释如下。

很是

"很是"在近代已出现。如：

（517）吴沛说："我瞧那位朋友，很是朋友。"——《施公案》（四）（CCL）

（518）罗老叔我们虽不甚好，我看着很是个朋友，况又是八太爷磕头弟兄，这点小事儿，只怕不能不出点汗。——《施公案》（三）（CCL）

例（517）中的"很是朋友"与例（518）中的"很是个朋友"意思相似。由于中间可以插入"个"，本书认为这两例中的"很是"不属于程度副词。

"很是"与"甚是""极是"等词汇化、语法化进程相似。参照石毓智（2001）和旷书文（2005）所述，"是"作判断动词，是其虚化过程的关键因素。当"很"与"是"连用，受汉语双音节的发展以及"2+2"音节在汉语里是最自然和具优势的音节组合的影响，又伴随后带成分的抽象化以及"是"的语义弱化，"很是"融合为程度副词。如：

（519）江宁、扬州两府，很是危急。——《经学历史》（CCL）

（520）抚宪亦很是喜欢，极赞他办事能干。——《施公案》（一）（CCL）

例（519）中的"很是"表程度修饰性质形容词"危急"，例（520）中的"很是"表程度修饰心理动词"喜欢"，可视为程度副词。不过由于近代汉语相关字典词典未将"很是"列为程度副词，其出现的频率也不高，因此本书未将其列为近代汉语主观高量级程度副词。

在现代汉语里，"很是"表程度高，除了可修饰性质形容词和心理动词［如例（521）、例（522）］外，还可以修饰通含性状义的名词，如例（523）中的"很是"修饰"现代"。另外根据表 5-3 的统计（通过查询北大 CCL 语料库、国家语委语料库、人民日报图文数据库（1946—2021）、北京语言大学汉语语料库 BCC、人民网、腾讯网、搜狐网、新浪微博、百度贴吧等得到），"很是"可以与大部分所选的使用频率较高的性质形容词搭配，因此本书将其列为主观高量级程度词。由于《现代汉语词典》（第 7 版）和《现代汉语虚词词典》等都未将其列为程度副词，因此本书称其为程度词而不是程度副词。

（521）这美味小吃，一人，一座，一碟，一叉，<u>很是</u>有趣。——《人民日报》（1994 年 8 月 23 日第 12 版"楼下那条街"）

（522）更有人则对网络监管<u>很是</u>害怕和忌惮。——《人民日报》（2009 年 10 月 30 日第 6 版"网络反腐，剃头挑子两头都要热"）

（523）我们随意走进一位牧民家中，屋里粉白的墙壁，瓷砖地面，各种家具<u>很是</u>"现代"。——《人民日报》（1996 年 10 月）（CCL）

另外"挺"也可与"是"连用，表程度。如：

（524）中年妇女脸上直发讪，显得<u>挺是</u>难堪。——《市场报》（1994 年 A）（CCL）

（525）没过几天，就和村里人混得<u>挺是</u>熟了。——《人民日报》［1980 年 1 月 26 日第 5 版"罪证"（短篇小说）］

"挺是"在例（524）、例（525）中作状语修饰性质形容词"难堪""熟"，表程度高，用在补语成分中。不过在相关语料库和网站、微博等中，"挺是"表程度只能与极少数所选的高频使用的性质形容词搭配使用，远不及"很是"。另外《现代汉语虚词词典》和《现代汉语词典》（第 7 版）也未将其纳入程度副词，因此本书未将其列入考察范围。

超

《说文解字》有云："超，跳也。""超"的本义是跳跃，跃上。如：

（526）子南戎服入，左右射，<u>超</u>乘而出。——《左传·昭公元年》

"超"又可解释为"跳过"。如：

（527）犹挈泰山以超江河。——《墨子·兼爱》

例（527）中的"超"为动词，其宾语为名词性成分"江河"。
"超"由此引申为"超出、胜过"。如：

（528）超五帝侔三王者，必此法也。——《韩非子·五蠹》

例（528）中的"超"为动词，宾语为名词性成分"五帝"。又如：

（529）夫麟凤与麋雉悬绝，珠玉与砾石超殊。——《文心雕龙·知音》

雷冬平、胡丽珍（2011）将例（529）中的"超"解释为非常，作程度副词，但我们不赞同这一看法。根据《古代汉语词典》（第2版）的解释，例（529）中的"悬绝"是指悬殊，相差极远。《汉语大词典》将"超殊"解释为迥异。两个词的意思相近，即"悬绝"与"超殊"对举。根据《古代汉语词典》（第2版）的释义，"悬"是指差距大，"绝"可表"超过"之义，"殊"指不同，"超"可表"超过"之义。据此例（529）中的"超"不宜解释为程度副词。

根据彭小川、严丽明（2006）所述，广州话中的"超"在2006年时可用于表程度，修饰性质形容词、心理动词、含性状义的动词短语等。但在《人民日报》等正式文体中，"超"仅限于在"超搞笑""超豪华""超大""超小"等组合搭配中使用，且多用于广告中。不过又彭文指出，"超"可表程度，受英语表达中词缀的影响，即汉语仿译词中出现的词语模"超X"，如"超音波、超声速、超巨星"等。我们赞同这一看法。不过"超"用作程度副词，主要是由于"超"的引申义为"超过"，含有[+超过/出]的语义特征，与"非常""特别"等相似。以此作为语义基础，伴随后带成分的抽象化和语义重心的后移，又加之受语言接触的影响（主要受英语的影响），"特别"虚化为表程度。如：

（530）有个著名的火锅店，排队人超多。——《人民日报》（2019年5月7日第7版"不妨用服务抚慰焦虑"）

（531）孩子超喜欢幼儿园。——《人民日报》（2020年2月7日第19版"让进城务工人员子女上学不再难"）

例（530）、例（531）中的"超"表程度高，无客观对比对象和限定范围，独立地表程度，呈主观色彩，不用于比字句，是主观高量级程度词。

在语法功能上，主观高量级程度词"超"可作状语修饰性质形容词，如例（530）中的"超"修饰"多"；也可作状语修饰心理动词，如例（531）中的"超"修饰"喜欢"。

通过查询，在北大 CCL 语料库、国家语委语料库、人民日报图文数据库（1946—2021）中，"超"与所选的形容词中的"大、好、多、红、幸福"搭配的次数达到半数。根据表 5 - 3 的统计，"超"可以与所有所选的使用频率较高的性质形容词搭配。这是《现代汉语词典》（第 7 版）将"超"列为程度副词的原因之一（第 6 版及之前的版本中"超"不列为副词）。另外词典标明，"超"作程度副词多用于口语，因此本书将其列为主观高量级程度词。

与"超"相似，"超级"也可表程度高。如：

（532）这是一个"打了一个双黄蛋就觉得超级幸福"的小伙子。——《人民日报》（2012 年 1 月 10 日第 6 版"做好事'成本'很低"）

但根据朱磊（2018）所述，"超级"不如"超"简洁，且容易产生词性划分上的分歧。《现代汉语词典》（第 7 版）将"超级"列为属性词。例（532）中的"超级幸福"也可用此释义进行解释。据此本书未将"超级"列为主观高量级程度词。

巨

根据《说文解字》的释义，"巨，规巨也"。"巨"是"矩"的本字。根据《汉语大词典》《王力古汉语字典》《古代汉语词典》（第 2 版）的解释，"巨"本义为"大"。如：

（533）为巨室则必使工师求大木。——《孟子·梁惠王下》

胡丽珍（2008）指出，例（534）、例（535）中的"巨"作程度副词。虽然这两例中的"巨"与心理动词"恨"、性质形容词"伟"搭配，但我们不赞同这一看法，因为这两例中的"巨"仍可用本义"大"进行解释。

（534）不能大有所得，以为巨恨耳。——《抱朴子·遐览》
（535）何神怪之巨伟，信一览而九惊。——《车渠椀赋》

随着发展和使用频率的增加，"巨"与古代汉语中的"大""深""盛"等相似，在含有［＋大］的语义特征的影响下，以此语义特征作为语义基础，伴随后带成分的抽象化和语义重心后移，虚化为表程度。如：

（536）戏少，文化活动少，只有观众<u>巨</u>多。——《人民日报》（2008 年 12 月 12 日第 16 版"未来的生活仍有戏"）

例（536）中的"巨"不能用"大"进行解释，应该理解为表程度高。此处的"巨"无客观对比对象和限定范围，独立地表程度，呈主观色彩，不用于比字句，是主观高量级程度词。

在语法功能上，主观高量级程度词"巨"可作状语修饰性质形容词，如例（536）中的"巨"修饰"多"；也可作状语修饰心理动词，如例（537）中的"巨"修饰"喜欢"。

（537）我就<u>巨</u>喜欢第一句，一弦一柱，讲不出来的好。——百度贴吧（2021 年 12 月 22 日）

根据表 5-3 的统计，"巨"可以与绝大部分所选的使用频率较高的性质形容词搭配使用①。不过在北大 CCL 语料库、国家语委语料库、人民日报图文数据库（1946—2021）中，"巨"只能作状语修饰所选性质形容词中的"多"。相关的现代汉语字典、词典都未将"巨"列为程度副词，因此本书称其为主观高量级程度词。

狂

"狂"的本义是狗发狂。如：

（538）旱岁，犬多<u>狂</u>死。——《晋书·五行志中》

"狂"由此引申为"人疯癫"。如：

（539）蒯通说不听，已详<u>狂</u>为巫。——《史记·淮阴侯列传》

"狂"又可引申为"失去常态，狂乱"之义。如：

（540）驰骋田猎，令人心发<u>狂</u>。——《老子》（十二章）

---

① 《现代汉语词典》（第 7 版）第 706 页将"巨大"解释为很大，作形容词。本书参照此，认为"巨大"中的"巨"不是程度副词。

根据刘晓梅（2004）所提，"狂"含贬义，用以体现超常语义。也就是说，"狂"隐含有［＋超过/出］的语义特征，这是"狂"能虚化为程度词的语义基础。根据胡丽珍（2008）所述，例（541）中的"狂"可视为表程度。

（541）岂以一朝之忿，而肆其狂怒者哉。——《风俗通·过誉·太原周党》

不过我们认为，例（541）中"狂怒"中的"狂"，仍可用失去常态、狂乱进行解释。"狂"的虚化在此并不明显。但在"狂"与心理动词"怒"的搭配使用中，由于"怒"具有抽象性、主观性，"狂怒"可视为接近"临界状态"。

在当代随着使用频率的增加，伴随"狂"后带成分的抽象化和语用因素的外力推动，当语义重心后移，"狂"可视为虚化表程度。如：

（542）来自不知道谁的作品，狂漂亮。——微博（BCC）

根据《现代汉语词典》（第7版）的解释，"狂"的释义为：①精神失常；疯狂。②猛烈；声势大。③纵情地、无拘束地（多指欢乐）。④狂妄。显然例（542）中的"狂"不宜采用上述解释，而应理解为表程度高。"狂"无客观对比对象和限定范围，独立地表程度，呈主观色彩，不用于比字句，是主观高量级程度词。

在语法功能上，主观高量级程度词"狂"可作状语修饰性质形容词，如例（542）中的"狂"修饰"漂亮"。

朱磊（2018）指出，由于已有词汇结构占据了位置，"狂"作程度副词的扩散受到了阻碍。具体如下：

（543）好不容易等到烤鱼上桌，沈醉忍耐着狂想扑的冲动，眼巴巴的看着正在抽烟镇静神经的苏阑。——《非诚勿扰》（CCL）

朱文指出，由于现代汉语有"狂想"一词，根据《现代汉语词典》（第7版）的解释，"狂想"表"幻想、妄想"之义，例（543）中的"狂想"可用"妄想"进行解释。因此受已有词汇"狂想"的影响，虽例（543）中的"狂想"也可理解为非常想，"狂"可视为表程度，但我们更倾向于选用其实词义进行解释。

据此我们认为例（543）中的"狂想"恰恰是"临界状态"的体现。前文中例（270）中的"好大"、例（541）中的"狂怒"等均属于此种情形。"大""怒""想"都具有抽象性、主观性。"狂"与"想"连用，使得已有语义基础的"狂"具备了虚化的关键因素。随着新颖表达需要和使用频率的增加，"狂"逐步虚化。

另外我们还可以看到，"狂"置于谓词前并不一定能虚化为程度词。如：

（544）大家再分头联系，又<u>狂</u>打了一圈电话。——《我们的会场》（BCC）

"狂"置于名词性成分前，如"狂风""狂言"等，"狂"不能虚化为程度词。不过当"狂"置于谓词性成分前，也不一定能虚化为程度词，如例（544）中的"狂打"，"狂"应解释为疯狂而不是程度高。"打"作为谓词性成分，但属于动作动词，不具有抽象性、主观性。由此可见，并不是名词性成分转改变为谓词性成分可以使"狂"虚化为程度词，而是"狂"相邻成分（包括后带成分）的抽象化使"狂"能够语法化、虚化为表程度，如例（542）中的"狂漂亮"。"漂亮"作为性质形容词，具有抽象性和主观性。"狂"因此可虚化为表程度，在此再次印证了句法位置的改变或者句法关系的改变并不是实词虚化为主观高量级程度（副）词的关键。抽象化、主观化才是其语法化过程中的关键因素。因此就汉语主观高量级程度（副）词的演变过程而言，主观化是语法化的基础。

尽管"狂"也可作状语表程度用于定语成分中，如例（545），但根据表 5－3 的统计，"狂"只能与不足半数的所选的高频性质形容词搭配使用，其虚化程度不高，扩展性不强，使用频率较低。另外相关字典、词典未将其列为程度副词，因此本书称其为主观高量级程度词。

（545）冬天里出现这种大晴天<u>狂</u>冷的情况并非是冷空气造成的，而是深冬季节的正常表现。——人民网（2003 年 12 月 15 日"最低温度达到－2℃"）

爆、暴

《说文解字》有云："爆，灼也。""爆"的本义是火裂，即指爆裂、猛烈裂开。如：

（546）先于庭前<u>爆</u>竹，以辟山臊恶鬼。——《荆楚岁时记》

根据《现代汉语词典》（第 7 版）第 52 页的解释，"爆"的常见义项是猛烈破裂或迸出，如"爆炸"。由此可见"爆"含有［＋超过/出］的语义特征。

另外在词典里，我们还可以看到有"爆表"一词。"爆表"是指实际数值超过仪表上的最高刻度，也形容数量或程度高。如：

（547）被誉为川西第一道观的成都青羊宫同样拥有颜值<u>爆表</u>的银杏。——《人民日报》（2020 年 1 月 30 日第 7 版"冬日，寻一抹金黄"）

受"爆表"一词表程度高的影响，"爆"以［＋超过/出］的语义特征作为语义基础，伴随后带成分的抽象化和表义重心后移，"爆"虚化为表程度。如：

（548）冰淇淋沾薯条真心<u>爆</u>好吃。——微博语料（BCC）

（549）腾讯视频以前怎么没听过她的声音？喜欢，超喜欢，<u>爆</u>喜欢……——微博语料（BCC）

例（548）、例（549）中的"爆"表程度高，无客观对比对象和限定范围，独立地表程度，呈主观色彩，不用于比字句，是主观高量级程度词。

在语法功能上，主观高量级程度词"爆"可作状语修饰性质形容词，如例（548）中的"爆"修饰"好吃"；"爆"也可作状语修饰心理动词，如例（549）中的"爆"修饰"喜欢"。

"爆"除了作状语，也可用作补语①。如：

（550）那个胖子不知道会不会让我们等十年。太感动。开心<u>爆</u>了，也累<u>爆</u><u>了</u>。——微博语料（BCC）

（551）小时候可爱到<u>爆</u>。——微博语料（BCC）

对比表5-3和表5-5的统计，"爆"作状语的情形比作补语的情形多。另外"爆"作状语，可以与所有所选的高频性质形容词搭配使用。由此可见"爆"的使用频率较高，扩展性较强。不过通过查询北大CCL语料库、国家语委语料库、人民日报图文数据库（1946—2021），"爆"只能作状语与所选的高频性质形容词中的"好"搭配，不能用作补语。另外表5-4中扩展性较强、高频使用的主观高量级程度副词"很""非常""十分""特别""太₂""挺""多么""好""相当""够"以及"超"都可作状语修饰含性状义的名词"青春"，而目前在上述语料库及相关网站、微博、论坛中很难找到表"很青春"之义的"爆青春"的表达。由此可见"爆"的虚化程度不及"超"，扩展性也不及"超"。相关字典、词典未将"爆"列为程度副词，因此本书将其列为主观高量级程度词。

"暴"与"爆"读音一样。"暴"的本义是急骤、猛烈。如：

（552）终风且<u>暴</u>，顾我则笑。——《诗经·邶风·终风》

"暴"还可表"凶恶、残暴"之义。如：

---

① "爆"用作补语表程度，有时也写作"爆炸"，如新浪微博（2018年5月29日）"飞机上拍到的蓝天白云美丽到<u>爆炸</u>"。对此本书不再把"爆炸"作程度词单列出来。

（553）平丘之会，数其贿也，以宽卫国，晋不为<u>暴</u>。——《左传·昭公十四年》

现代汉语里"暴"仍存有这两个义项。另外参照《现代汉语词典》（第7版）的释义，"暴"还可表"鼓起来，突出"。如：

（554）最后，她讲得粉脸上<u>暴</u>出一颗颗硕大的汗珠。——《人性的枷锁》（CCL）

"暴"与"很"相似，含有［＋凶狠］的语义特征；同时"暴"与"超""爆"相似，还含有［＋超过/出］的语义特征。受相同读音"爆"的影响，"暴"以［＋凶狠］［＋超过/出］的语义特征作为语义基础，伴随后带成分的抽象化和语义重心的后移，"暴"可虚化为表程度。如：

（555）只是天色异常的黑，黑得吓人，地上积水<u>暴</u>多。——微博语料（BCC）
（556）其实我真的<u>暴</u>想去。——微博语料（BCC）

例（555）、例（556）中的"暴"表程度高，无客观对比对象和限定范围，独立地表程度，呈主观色彩，不用于比字句，是主观高量级程度词。

在语法功能上，主观高量级程度词"暴"可作状语修饰性质形容词，如例（555）中的"暴"修饰"多"；"暴"也可作状语修饰心理动词，如例（556）中的"暴"修饰"想"。

"暴"除了作状语，也可用作补语。如：

（557）红京鱼家的红烧肉好吃<u>暴</u>了。——微博语料（BCC）
（558）待在这无聊到<u>暴</u>，心情也跟着郁闷。——微博语料（BCC）

对比表5-3和表5-5的统计，"暴"作状语的情形比作补语的情形多。通过查询，在北大CCL语料库、国家语委语料库、人民日报图文数据库（1946-2021）中，"暴"只能作状语与所选的形容词中的"好"搭配，不能用作补语。由此可见"暴"的虚化程度不高，扩展性不强。相关字典、词典未将其列为程度副词，因此本书将其列为主观高量级程度词。

另外根据表5-3和表5-5的统计，我们还可以看到，"爆"用作程度词出现的情形多于"暴"。

由于主观高量表达在日常生活中经常被使用，语义容易磨损，因此新表达应运而生。当代新兴的主观高量级程度词，如"狂""爆""暴"以及下文中的"炸"等都含有猛烈的意思，凸显速度，与当今社会发展的高速十分映衬，因而被选用于表达主观高量程度及情绪。主观高量表达的需要使新兴主观高量程度词得以产生。所以主观高量表达是主观高量程度（副）词产生的动机。

表5-3　当代汉语新兴主观高量级程度副词作状语的搭配使用情况

状语	大	好	多	老	红	高兴	容易	幸福	美丽	漂亮
很是	●	●	●	○	●	●	●	●	●	●
超	●	●	●	●	●	●	●	●	●	●
巨	○	●	●	●	●	●	●	●	●	●
狂	●	●	●	○	●	●	○	●	●	●
爆	●	●	●	●	●	●	●	●	●	●
暴	●	●	●	●	●	○	○	○	○	○

●可搭配　○未出现可使用的情况

简直不要太₂X

在当代，"太₂"还出现了"简直不要太₂X"的构式新用法。

Goldberg 在 2006 年出版的 *Constructions at Work：the Nature of Generalization in Language*（《运作中的构式：语言概括的本质》）中对"构式"定义为：任何语言结构，只要形式或功能的某个方面不能从其组成部分或其他已知构式中严格预测出来，就可视为构式。即使能够被完全预测出来，但只要有足够的频率出现，这样的结构也可视为构式。据此，"简直不要太₂X"不能从其形式完全预测出其含义，因此可视为构式。具体阐释如下：

（559）冰雪狩猎、冬季温泉，<u>简直不要太酷</u>！——《人民日报》（2018 年 1 月 30 日第 9 版"黑龙江 冰雪旅游'热腾腾'"）

例（559）中的"简直不要太酷"虽然有否定词"不"，但并不表否定之义，而等同于"简直太酷了"，表程度高，即主观高量。由此可见，我们不能简单地从"简直不要 X"预测其含义，因此"简直不要太₂X"为构式。

"简直不要太₂X"表程度高，无客观对比对象和限定范围，独立地表程度，呈主观色彩，不用于比字句，是主观高量级程度词。

在语法功能上，"简直不要太₂X"中的"X"可以为性质形容词，如例（559）中的"酷"；也可以是心理动词，如例（560）中的"满足"；还可以是含性状义的动词或是名词，如例（561）中的"像"、例（562）中的"青春"。

（560）这满满的奶油，<u>简直不要太</u>满足。——百度贴吧（2020 年 1 月 8 日）

（561）那些灵魂画手的日常，<u>简直不要太像</u>。——百度贴吧（2021 年 3 月25 日）

（562）这套衣服<u>简直不要太</u>青春了！——腾讯网（2020 年 5 月 5 日）

在句法功能上，构式"简直不要太$_2$X"除了可作谓语，如例（562）；也可作定语，如例（563）；还可作补语，如例（564）；亦可单独成句，如例（565）。

（563）<u>简直不要太</u>好用的厨房神器！——齐家网（2016 年 8 月 24 日）

（564）才播一集就拿到 9.2，看得<u>简直不要太</u>爽！——搜狐网（2017 年 9 月 15 日）

（565）<u>简直不要太</u>好看！——百度贴吧（2021 年 5 月 11 日）

根据表 5-4 的统计，即通过查询北大 CCL 语料库、国家语委语料库、人民日报图文数据库（1946—2021）、北京语言大学汉语语料库 BCC、人民网、腾讯网、搜狐网、新浪微博、百度贴吧等，我们可以看到构式"简直不要太$_2$X"可以与大部分所选的高频性质形容词搭配使用。由此可见"简直不要太$_2$X"的使用频率较高。

表 5-4　"简直不要太 X"的使用情况

X	大	好	多	老	红	高兴	容易	幸福	美丽	漂亮
简直不要太$_1$X	●	○	●	●	○	○	●	○	○	○
简直不要太$_2$X	●	●	●	○	●	●	●	●	●	●

●可搭配　○未出现可使用的情况

"太"作为从古到今使用频率较高的主观超量级程度副词，分化出表主观高量级的用法，在当代汉语里还出现了"简直不要太$_2$X"的构式新用法。"简直不要太$_2$X"虽含有"不"这一否定词，但与"太$_2$"一样，同为表主观高量级。这与近代出现的主观高量级程度副词"好""好不"相似，这也是"简直不要太$_2$X"主观性的体现。

另外，"不要太 X"也可如"简直不要太$_2$X"一般表主观高量。如：

（566）彩虹蜡烛<u>不要太</u>漂亮哦！——腾讯网（2019 年 4 月 17 日）

例（566）中的"不要太漂亮"是"太漂亮"的意思，表主观高量级，用于感叹。

"不要太 X"最早于近代出现，主要用于劝诫。如：

（567）今医家亦说小儿子<u>不要太</u>暖。——《朱子语类》（卷一百五）

根据十禾（1993）所述，20 世纪 90 年代的上海青年人创造了"不要太 X"表程度高的新用法。刘志基（2002）指出，作为上海口头禅的表程度高的"不要太 X"是由"勿要忒 X"发展而来，并迅速在吴语地区流行起来。王科（2010）提到，表程度高的"不要太 X"在全国流行起来，是由于处于吴语地区的宁波有一个叫"杉杉"的西服品牌打出了"不要太潇洒哦"的广告语。郑欢（2019：39）则指出，"不要太 X"表程度高，是由于 X 为褒义词"漂亮""潇洒"等，使得这一句式不再局限于表劝诫。

然而"不要太 X"既可以表劝诫（"太"表主观超量），又可以表程度高，容易产生分歧。"简直不要太₂X"最早于 2012 年出现①，其出现很好地化解了这一矛盾。这是因为"简直"作为语气副词，更好地强调了程度，从而更有利于主观情绪的表达。因此本书将构式"简直不要太₂X"列为主观高量级程度词，而既可以表劝诫又可以表程度高的"不要太 X"则不再单列为主观高量级程度词。

作为主观高量级表达的"简直不要太₂X"在当代迅速流行起来，并且 X 不只局限为褒义词，也可以为贬义词。如：

（568）这次婉君吃相<u>简直不要太</u>难看！——百度贴吧（2020 年 10 月 30 日）

例（568）中的"难看"为贬义词。"简直不要太难看"的意思为"太难看"，既可视为主观高量级表达，也可视为主观超量级表达。由此可见，超量级程度副词"太₁"也有"简直不要太₁X"的构式。但根据表 5 - 4 的统计，"简直不要太₁X"的使用频率较低，扩展性不强。

坏

"坏"的本义是房屋等建筑物倒塌。如：

（569）宋有富人，天雨墙<u>坏</u>。——《韩非子·说难》

---

① 根据郑欢（2019：39）所提，"简直不要太 X"最早出现于百度（2012 年 12 月 27 日）"暗戳戳的笑<u>简直不要太萌</u>"中。

　　根据《现代汉语词典》（第7版）的释义，"坏"在现代汉语里常用作形容词，指缺点多的；使人不满意的（跟"好"相对）。陈伟武（1994）指出，汉语里用表消极和积极性质的事物来表达尤甚，效果一致。根据前文所述，我们可以看到，汉语里主观高量级程度副词有许多是以对立的语义特征为语义基础实现语法化的。如"偏、颇₁"是以含有［－正］的语义特征为语法化的语义基础，而"雅、正"是以含有［＋正］的语义特征为语义基础。［＋正］与［－正］构成反义词。

　　汉语里"良、精、好"是以［＋好］的语义特征为语义基础。"坏"以［＋好］的对立面［＋坏］为语义基础。伴随后带成分的抽象化，"坏"实现表程度义。如：

　　（570）听了这个消息，我高兴坏了。——《中国北漂艺人生存实录》（CCL）
　　（571）可把你大哥想坏了。——《努尔哈赤》（CCL）

　　例（570）、例（571）中的"坏"表程度高，无客观对比对象和限定范围，独立地表程度，呈主观色彩，不用于比字句，是主观高量级程度词。

　　在语法功能上，主观高量级程度词"坏"可作补语置于性质形容词之后，如例（570）中的"坏"置于"高兴"后；"坏"也可作补语置于心理动词之后，如例（571）中的"坏"置于"想"后。

　　"坏"表程度高在近代汉语里便已出现。如：

　　（572）活活的笑倒个孙大圣，孜孜的喜坏个美猴王。——《西游记》（第十五回）

　　"坏"表程度高只能作补语，不能作状语，且近代汉语相关的大部分字典、词典未将其列入程度副词，因此本书在近代汉语里也未将其纳入程度副词系列。

　　根据表5－5的统计，在当代，"坏"表程度高，不能作状语，只能作补语用于所选的高频性质形容词"高兴""幸福"之后，使用频率不及"得很"。不过从近代以来，"坏"可置于部分形容词、心理动词后表程度高，因此本书将其称为主观高量级程度词。

　　根据宗守云（2014）所述，"坏"由结果补语发展为程度补语，"结果"表终点，因此"坏"可引申为表极致。不过我们认为，结果补语并不一定表极致。如：

　　（573）"那我就打掉了牙咽进肚子里！"阎铁山恨恨地说。——《狼烟》（第十八章）（CCL）

　　例（573）中的"掉了"是动作"打"的结果。"掉了"虽是结果补语，但显然不是终点——后边还有"咽进肚子里"。这里的结果补语并不能引申为表极致。根据《现代汉语词典》（第7版）第566页的解释，"坏"可作形容词，表示身体或精神受到某种影响而达到极不舒服的程度，有时只表程度深。如"这件事可把他乐坏了"。这里的"坏"是指程度深而不是指达到极致。据此我们将"坏"列为高量级程度词而不是极量级程度词。由此可见，主观高量级程度（副）词的程度量级的划分容易产生分歧，这是其模糊性的体现。

透

《说文解字》新附字有："透，跳也，过也。""透"的本义是跳。如：

（574）妃知不免，乃透井死。——《南史·梁元帝徐妃传》

"透"引申为"通过、穿过"。如：

（575）风透重裘寒不耐，邮亭驻节候天明。——《晓行》

由此可见，"透"含有［+超出/过］的语义特征。

根据《近代汉语大词典》第1873页的解释，在近代，"透"可用于性质形容词后引申为表程度深。如：

（576）当初谁叫你快活透了，今日有许多眼泪！——《警世通言》（卷三一）

例（576）中的"透"置于性质形容词"快活"后表程度深。

根据《现代汉语虚词词典》第531页的释义，"透"可用于形容词或少数心理动词之后，作补语，表程度。如：

（577）埃及发生的流血事件糟糕透了。——《人民日报》（2013年8月16日第21版"埃及整顿秩序成效初显"）

（578）冬天，就是恨透了那些"坏小子"的季节！——《人民日报》（2017年2月11日第12版"冬之忆"）

《现代汉语词典》（第7版）第1322页将这样的"透"列为形容词，表达到饱满、充分的程度，如"我记得熟透了"。但我们认为，例（577）、例（578）中的"透"用在含贬义的"糟糕""恨"之后，不宜理解为达到饱满、充分的程度，而应理解为表程度深。根据表5-5的统计，"透"只能作补语与部分所选的高频性质形容词搭配使用。由此可见"透"的虚化程度不高，扩展性不强。从近代开始，"透"便可以置于部分形容词后表程度深，在现代有了新发展——可置于心理动词后表程度，因此本书将其列为程度词。由于"透"表程度深，无客观对比对象和限定范围，独立地表程度，呈主观色彩，不用于比字句，因此是主观高量级程度词。另外"透"表程度时不能用作状语。

翻（天）

《说文解字》无"翻"字，《说文解字》新附字有之。"翻"的本义是上下飞动。如：

（579）下有水，清且寒，中有黄鹄往且<u>翻</u>。——《临高台》

在现代汉语里，"翻"的常用义是上下或内外变换位置；歪倒；反转。"翻"用作动词，也可表爬过、越过。如"翻墙而过""翻山越岭"。由此可见，"翻"含有［＋超出/过］的语义特征。以此为语义基础，伴随相邻成分的抽象化，"翻"可引申为表程度。如：

（580）睡梦中的猫猫萌<u>翻</u>了。——微博语料（BCC）

例（580）中的"翻"表程度高，不适宜用词典中的实词义进行解释。"翻"无客观对比对象和限定范围，独立地表程度，呈主观色彩，不用于比字句。由于《现代汉语词典》（第7版）和《现代汉语虚词词典》等未将其列为程度副词，因此本书称其为主观高量级程度词。另外"翻"表程度只能用作补语，不能用作状语。根据表5-5的统计，"翻"用作补语，只能与小部分所选的高频性质形容词搭配使用，其虚化程度不高，扩展性不强。

"翻天"与"翻"相似。受"翻"影响，"翻天"含有［＋超出/过］的语义特征。"天"在汉语里可表最高处、极点，"翻天"由此表超过极点，因此可引申为表程度高。如：

（581）台剧和台湾电影最近真的是红<u>翻天</u>。——微博语料（BCC）

《现代汉语词典》（第7版）对"翻天"的释义是：①形容吵闹得厉害；②比喻重新得势或重新占上风（含贬义）。例（581）中的"翻天"表程度高，不适宜采用词典中的释义进行解释。"翻天"无客观对比对象和限定范围，独立地表程度高，呈主观色彩，不用于比字句。由于《现代汉语词典》（第 7 版）和《现代汉语虚词词典》等未将其列为程度副词，因此本书称其为主观高量级程度词。另外"翻天"表程度只能用作补语，不能用作状语。根据表 5 - 5 的统计，"翻天"用作补语，只能与小部分所选的高频性质形容词搭配使用，其虚化程度不高，扩展性不强。

炸

根据《现代汉语词典》（第 7 版）第 1642 页的解释，"炸"的常用义是物体突然破裂。受"爆炸"一词的影响，"炸"因经常与"爆"连用，且隐含有 [+超出/过] 的语义特征，也可以虚化为表程度高。如例（582）中的"多到炸"。"炸"无客观对比对象和限定范围，独立地表程度，呈主观色彩，不用于比字句。但"炸"只能用于补语，不能用作状语①，且只能与部分所选的高频性质形容词搭配使用。"炸"使用频率不高，扩展性不强，相关的字典、词典也未标明其可以表程度，因此本书将"炸"列为主观高量级程度词。

（582）上海 Costco 疫情期人多到<u>炸</u>。——《新闻晨报》（新浪微博 2020 年 2 月23 日）

另外 BCC 微博语料中有"蠢得慌""帅呆了"等表达。根据蔡丽（2010）所述，这里的"蠢得慌"表程度，但属于摹态程度义，而不是定量程度义。"帅呆了"可理解为"帅，让人看呆了"的简写。在 CCL、BCC、百度贴吧等网站中只能找到"得慌""呆了"作补语、与极少数所选的高频性质形容词搭配使用的情形。由此"得慌""呆了"的虚化程度较低，扩展性较差。相关字典、词典也未将"得慌""呆了"等列为程度词。蔡文中提到"X 得厉害"可表程度，如"她冷得厉害"中的"厉害"。不过根据《现代汉语词典》（第 7 版）第 802 页的解释，"厉害"的常用释义为：难以对付或忍受；剧烈；凶猛。如"热得厉害"。"厉害"在此作形容词，与古代汉语中用于补语位置的"甚"相似②。另外还有"高兴到笑""高兴到哭"等可视为主观高量程度表达的形式；而人高兴了会笑，还有"乐极生悲"，由此可见"高兴到笑""高兴到哭"的虚化并不明<u>显</u>。据此，本书未将上述这些表达列为主观高量级程度词。

---

① "炸"作补语表程度，有时也写作"炸裂"，如新浪微博（2018 年 5 月 6 日）"幸福到<u>炸裂</u>的周末，如何才能留住你们的美好？"对此本书不再把"炸裂"作程度词单列出来。

② 详见第三章第三节。

表5-5 "得很"及当代汉语新兴主观高量级程度词作补语的搭配使用情况

补语	大	好	多	老	红	高兴	容易	幸福	美丽	漂亮
得很	●	●	●	●	●	●	●	●	●	●
到爆	●	●	●	○	●	○	○	●	○	●
爆了	●	●	●	●	○	○	○	●	○	○
到暴	○	●	●	○	○	○	○	○	○	○
暴了	○	●	●	○	○	○	○	●	○	○
坏了	○	○	○	○	●	●	○	○	○	○
透了	○	●	○	○	●	○	○	○	●	●
翻了	○	●	○	○	●	○	○	○	○	○
翻天	○	○	○	○	●	○	○	○	○	○
炸了	●	●	○	○	○	○	○	○	○	●
到炸	○	●	●	○	●	●	○	●	○	●

●可搭配　○未出现可使用的情况

综上，当代汉语新兴的主观高量级程度词主要以［＋超出］［＋大］的语义特征作为语法化的语义基础，其中以［＋超出］居多。部分新兴的主观高量级程度词是由补语位置虚化而来。新兴的主观高量级程度词"超"的组合搭配能力较强，因此被列入程度副词。

另外，主观高量级程度副词在连用上不再跨类连用，但可以同类连用。如《北京旅游景点》（CCL）中的"比较贵，但很好玩，风景也<u>很很</u>不错"，"很很"连用。对此我们将在第六章作详尽阐释。

三、小结

现代汉语新兴的主观高量级程度副词主要以［＋超出］［＋大］的语义特征作为语法化的语义基础，它们的组合搭配能力都较强，这是人们喜新厌旧心理的体现。在沿用的汉语主观高量级程度副词中，"很、非常、十分、特别、挺、多么、好、相当、够"的组合搭配能力强，但"深、煞、老大、酷、生、盛、雅、笃"的组合搭配能力不强，这是受其文言色彩或仅用于于书面语、某些固定搭配的影响所致。

近代汉语里"很"的组合搭配对象比"甚"丰富，这为其在现代取代"甚"成为使用频率更高的主观高量级程度副词奠定了基础。作为古代汉语里一直被高频使用的主观高量级程度副词，"甚"的语义磨损较大。因此在现代，"甚"的地位被"很"取代，其使用频率大大降低。

当代汉语新兴的主观高量级程度词主要以［＋超出］［＋大］的语义特征作为语法化的语义基础，其中以［＋超出］居多。部分新兴的主观高量级程度词是由补语位置虚化而来。新兴主观高量级程度词"超"的组合搭配能力较强，因此被列入程度副词。

现当代主观高量级程度（副）词的演变，再次印证了抽象化、主观化才是其语法化过程中的关键因素。因此就汉语主观高量级程度（副）词的演变过程而言，主观化是语法化的基础。

第二节　现代汉语客观高量级程度副词研究

一、现代新兴的客观高量级程度副词

依照第一章第五节对客观高量级程度副词的界定，参照前人研究以及相关现代汉语字、词典对于这些词的释义，现代汉语新兴客观高量级程度副词有：更加、越加、愈加、倍加、更其、还$_1$。具体阐释如下。

更加、越加、愈加、倍加

客观高量级程度副词"更"和"加"连用，中古时期就已出现，但在现代"加"不再作为客观高量级程度副词使用。"更""加"连用表程度的加深，随着使用频率的增加，往往作为一个客观高量级程度副词使用。

在语法功能上，客观高量级程度副词"更加"可以作状语修饰性质形容词，如例（583）中的"更加"修饰"厉害""严重"；也可作状语修饰心理动词，如例（584）中的"更加"修饰"觉得"；又可作状语修饰含性状义动词短语，如例（585）中的"更加"修饰"看得清楚"；还可作状语修饰能愿动词短语，如例（586）中的"更加"修饰"需要依靠"；亦可作状语修饰"有＋名"结构，如例（587）中的"更加"修饰"有意义"；又可作状语修饰比似动词，如例（588）中的"更加"修饰"像"；也可作状语修饰使令动词兼语结构，如例（589）中的"更加"修饰"使化学家着难"；又可作状语修饰介宾结构，如例（590）中的"更加"修饰"把她"；还能修饰动补结构，如例（585）中的"更加"修饰"看得清楚"。

（583）每个官吏的贪污<u>更加</u>厉害，人民所受的压榨也<u>更加</u>严重。——（CCL）

（584）后意大利居然放弃了他的要求，顽固党<u>更加</u>觉得强硬对付洋人是对的。——（CCL）

（585）如何反对新人新政，我们从郭嵩焘的命运可以<u>更加</u>看得清楚。——（CCL）

（586）国家政治上所需要的人才，必须具有较高的科学文化水平，这就<u>更加</u>需要依靠学校教育来培养。——（CCL）

（587）然后再提起为这个社会积极地奉献，这就是入世的事业，会<u>更加</u>有意义。——（CCL）

（588）读书，人才<u>更加</u>像人。——（CCL）

（589）还有一个问题<u>更加</u>使化学家着难。——（CCL）

（590）她产下了儿子，<u>更加</u>把她当天上的宝。——《大家庭》（CCL）

"越加""愈加""倍加"与"更加"的词汇化过程相似，在此不再赘述。

更其

"更其"由客观高量级程度副词"更"和"其"组成，其词汇化过程与"何其""尤其"相似，在此不再赘述。"更其"表程度的加深，是客观高量级程度副词。

在语法功能上，客观高量级程度副词"更其"可以作状语修饰性质形容词，如例（591）中的"更其"修饰"丰富"；"更其"也可作状语修饰心理动词，如例（592）中的"更其"修饰"惊诧"；"更其"还可作状语修饰能愿短语，如例（593）中的"更其"修饰"需要训练"。

（591）如果对其性格作进一步的深入挖掘，就会使作品的内涵<u>更其</u>丰富，从而产生更好的艺术效果。——《人民日报》（1994年第二季度）（CCL）

（592）他显然比我<u>更其</u>惊诧，他说他简直想不到中国人竟对凡尔纳和凡尔纳的小说已经有了八十年的兴趣，——（CCL）

（593）你的思想，你的理智，<u>更其</u>需要训练，需要长时期的训练。——（CCL）

根据《现代汉语虚词词典》的解释，"更其"具有文言色彩，多用于书面语。

还₁

根据《说文解字》的释义，"还，复也"。"还"的本义是返回。如：

（594）尔<u>还</u>而入，我心易也。——《诗经·小雅·何人斯》

例（594）中的"还"是返回的意思。

"还"由此本义引申为表现象继续存在或动作继续进行，相当于"仍旧"，作副词。如：

（595）既耕亦以种，时还读我书。——《读山海经·其一》

例（595）中的"还"用作副词，表时间的持续，即"仍旧"。

"还"又可以引申表"再"之义。如：

（596）如是舜、禹还至，王业还起。——《荀子·王霸》

例（596）中的"还"表"再"之义。

与上古时期的"更"相似，受引申义"再"的影响，"还"隐含有［＋增加］的语义特征。以此为语义特征伴随后带成分的抽象化和表义重心的后移，在语用因素的外力推动下，"还"引申为程度副词。如：

（597）再到公元前一世纪、孔子的地位提高到比王还高。——（CCL）

例（597）中的"还"表程度的加深，是客观高量级程度副词，记作"还₁"。

在语法功能上，客观高量级程度副词"还"可作状语修饰性质形容词，如例（597）中的"还"修饰"高"；也可作状语修饰心理动词，如例（598）中的"还"修饰"想"；还可作状语修饰能愿动词短语，如例（599）中的"还"修饰"能享受"；又可作状语修饰含性状义的动词短语，如例（600）中的"还"修饰"看得开"；亦可作状语修饰"有＋名"结构，如例（601）中的"还"修饰"有水平"；也可作状语修饰比似动词，如例（602）中的"还"修饰"像"；又可作状语修饰使令动词兼语结构，如例（603）中的"还"修饰"让人煎熬"；也可作状语修饰动补结构，如例（600）中的"还"修饰"看得开"。

（598）许三多，你说想家我就骂你，其实我比你还想回家。——《士兵突击》（CCL）

（599）我虽然已看不见，却还是能听得到，感觉得到，有时甚至比别人还能享受更多乐趣。——《陆小凤传奇》（CCL）

（600）可以说对于生死一事，你比我还看得开。——《敦煌》（CCL）

（601）我以前迷信你，谁知丁炳昌比你还有水平呢。——（CCL）

（602）人生比地狱还像地狱。——《侏儒》（CCL）

（603）遇到问题不知咋办，比种粮还让人熬煎。——（新华社2001年10月份新闻报道）（CCL）

"还"作客观高量级程度副词必须用于比字句。另外"还"可以作程度副词，表程度上勉强过得去。如：

（604）倘若人可以区分的话，我觉得我应该还算是个好人。——《鲁豫有约 沉浮》（CCL）

例（604）中的"还"表程度上勉强过得去，我们将其标记为"还₂"。

在语法化进程中，与古代汉语一致，"还₁"是以［＋增加］的语义特征作语义基础，伴随后带成分的抽象化和表义重心的后移，在语用因素的外力推动下，引申为客观高量级程度副词。例（595）中的"还读我书"、例（596）中的"还至""还起"，后带成分为"读""至""起"。"读""至""起"不具有抽象性、主观性，因此"还"不可虚化为程度副词。例（597）中的"比王还高"，由于"高"是性质形容词，抽象性、主观性较强，因此"还"在此虚化为程度副词。

二、使用情况

根据表5－6的统计，即通过查询北大CCL语料库、国家语委语料库和人民日报图文数据库（1946—2021），我们可以看到，"更""越""还₁""愈"的组合搭配能力较强。受汉语音节"2＋2"是最自然、最具优势的音节组合的影响，"更加"等双音节词往往与双音节词组合搭配使用，因此不如"更"的组合搭配能力强。

表5－6　现代汉语客观高量级程度副词作状语的搭配使用情况

状语	大	好	多	老	红	高兴	容易	幸福	美丽	漂亮
更	●	●	●	●	●	●	○	○	●	●
更加	●	●	●	○	●	●	●	●	●	●
更为	●	●	●	○	○	●	●	●	●	●
更其	○	○	○	○	○	○	○	○	○	○
更是	●	●	●	●	●	●	●	●	●	●
越	●	●	●	●	●	●	●	●	●	●
越发	●	●	●	○	○●	●	●	○	●	●
越加	●	●	●	○	●	●	●	○	○	●
越是	●	●	●	○	●	●	●	●	●	●
倍加	○	●	○	○	○	○	○	○	○	○
愈	●	●	●	●	●	●	●	●	●	●

（续上表）

状语	大	好	多	老	红	高兴	容易	幸福	美丽	漂亮
愈加	●	●	●	○	●	●	○	●	●	○
愈发	●	○	●	○	○	○	○	○	●	○
愈为	○	○	○	○	○	○	○	○	○	○
格外	○	○	●	○	●	●	●	○	●	●
益发	○	○	○	○	○	○	○	○	○	○
还₁	●	●	●	●	●	●	●	●	●	●
尤	●	○	○	○	○	●	○	○	○	○
尤其	●	●	●	●	○	●	●	○	●	●
尤为	○	○	●	○	○	●	○	○	●	○
弥	●	○	●	○	○	○	○	○	○	○

●可搭配　○未出现可使用的情况

根据表5-7的统计，即通过北大 CCL 语料库查询组合搭配能力较强的"更""越""还₁""愈"与"高兴"的搭配情况，我们可以看到，在现代客观高量级程度副词中，"更"的组合搭配能力最强。

表5-7　"更""越""还""愈"作状语与"高兴"的搭配使用情况

	更	越	还₁	愈
数量	150	108	17	10

另外通过北大 CCL 语料库，我们可以看到，"更""越"可以作状语与"青春"搭配，但"还₁""愈"不能。如：

（605）其实呢，年轻的小姐们不打扮更青春。——《梦中的河》（CCL）
（606）上海选择了世界，越来越青春。——（新华社 2002 年 12 月新闻报道）（CCL）

在现代，"更为""更其""愈为""尤为""越发""越加""愈发""益发""弥""尤"等词往往多用于书面语，其使用频率不高。"益、转、加、倍、滋、分外₁、倍常、转为"不再作为客观高量级程度副词使用。

"越""愈"不能单独使用。譬如我们可以说"城市越来越美了",但不能说"＊城市越美了";可以说"那条缝愈裂愈长",但不能说"＊那条缝愈长"。通过北大CCL语料库的查询,"越"作客观高量级程度副词有114条例句,其中以"越来越……"的形式出现的有56条,接近一半。由此可见,客观高量级程度副词"越"的结构式更为常见。

"还"必须用于比字句才表程度的加深。例如使用比字句时,在"他比爸爸还高"一句中,"还"表程度的加深。在"他还算高"一句中,"还"没有用在比字句里,不表程度的加深,而是指程度勉强达标,因此此处的"还"不属于客观高量级程度副词。

在现代,客观高量级程度副词不再出现连用现象,只是存在于连用结构式中,如"越……越……""愈……愈……"等。

除此以外,在现代汉语里,客观高量级程度副词仍然不能用作补语。

三、小结

现代汉语新兴的客观高量级程度副词主要以 [＋增加] 的语义特征作为语法化的语义基础。在语法化进程中,与古代汉语一致,在具备语义基础的条件下,伴随后带成分的抽象化和表义重心的后移,在语用因素的外力推动下,实词引申为客观高量级程度副词。其中在现代汉语客观高量级程度副词中,"更"的组合搭配能力最强,其次是"越"。"更为""更其""愈为""尤为""越发""越加""愈发""益发""弥""尤"等词往往多用于书面语,其使用频率不高。"益、转、加、倍、滋、分外₁、倍常、转为"不再作为客观高量级程度副词使用。"越""愈"往往不能单独使用。"还"必须用于比字句才表程度的加深。在现代,客观高量级程度副词不再出现连用现象,只是存在于连用结构式中,如"越……越……""愈……愈……"等。

第三节　对比分析

现代汉语主观高量级程度副词和客观高量级程度副词在演变过程中,既有相似之处,也有不同之处。其相似之处体现在:一是二者的语法化过程,与古代汉语一致,皆是以含有某一类语义特征为语义基础,通过隐喻机制,伴随后带成分的抽象化以及语义重心的后移,又加之语用因素在临界状态的外力推动作用,实词虚化为高量级程度副词。二是二者在现代都有新兴成员的出现。

现代汉语主观与客观高量级程度副词在演变过程中的不同之处主要体现在:一是

主要含有的语义特征不同。主观高量级程度副词以含有［+超出/过］的语义特征居多；客观高量级程度副词以含有［+增加］的语义特征居多。这是二者在表义上不同，其具体的隐喻过程不同。二是在连用上，客观高量级程度副词不再出现连用现象，主观高量级程度副词仍有连用现象，但不能跨类连用。三是主观高量级程度副词的新兴成员的数量比客观高量级程度副词多。在当代仍有新兴的主观高量级程度词产生，但客观高量级程度副词在当代则没有再产生新兴成员。这是由于主观高量级程度副词比客观高量级程度副词的主观性更强，人们在表达主观高量时，对主观高量级程度副词有更多的求新意识。四是客观高量级程度副词不能用作补语，而主观高量级程度副词可以用作补语。除此以外，有些主观高量级程度词是由补语位置产生而来，只能用作补语。

第六章 主观与客观高量级程度副词古今发展特征的对比

由于人类主观情绪表达的需要，又加上高量级程度表达具有的显著性，主观与客观高量级程度副词常常被频繁使用，语义容易发生磨损。从上古开始，历经中古、近代，直至现当代，每个时期都有新兴的主观与客观高量级程度副词，同时也有沿用之前或消亡的主观与客观高量级程度副词。纵观古今汉语主观与客观高量级程度副词的发展，它们既有相似之处，也有不同之处。

第一节 发展特征的相似之处

一、语义指向的明晰化

在近代汉语里，主观高量级程度副词在修饰短语结构时，往往是指向整个结构。如例（333）中的"很不与你相干"。在现代汉语里，我们往往说成"与你很不相干"，以"很"为例。

（607）你的眼里也有眼泪。不过眼泪和你很相称！——《安徒生童话集》（CCL）

例（607）中的"很"直接修饰性质形容词"相称"，而不是短语"和你相称"。由此可见，在现当代汉语里，主观高量级程度副词在修饰短语结构时，往往直指其中的性质形容词或含性状义的动词成分，语义指向更为明晰。

但在新兴的主观高量级程度词中，由于新兴主观高量级程度词产生时间不长，在修饰短语结构时，有时仍然是指向整个结构。如：

（608）可爱的叶修菊巨被我不小心掰成这样。——微博语料（BCC）

例（608）中的主观高量级程度词"巨"修饰的是整个短语结构"被我不小心"。不过在例（609）中，我们可以看到，使用频率高的主观高量级程度副词"很"修饰的是短语结构中的性质形容词成分"不小心"。由此可见，随着发展，主观高量级程度副词在修饰短语结构时，往往是直指其中的性质形容词或含性状义的动词成分，语义指向朝明晰化发展。

（609）我自拍，她偷拍我，又被我<u>很</u>不小心的拍到她。——百度贴吧（2015 年 9 月 29 日）

客观高量级程度副词亦是如此。在近代汉语中，"格外"在修饰动词短语时，往往也是指向整个结构。如例（443）中的"格外"修饰"来得多些"。在现代汉语里，我们往往说成"来得格外多些"。又如：

（610）但是，解放以后，历史的车轮在这偏僻的山区似乎走得<u>格外</u>沉重、缓慢。——《人民日报》（1996）

例（610）中的"格外"直接修饰性质形容词"沉重""缓慢"，而不是短语结构"走得沉重、缓慢"。

由此可见，在现代汉语里，随着发展，主观和客观高量级程度副词的语义指向朝明晰化发展。

二、语义特征区分类别的明晰化

从古到今，主观高量级程度副词往往是以含有凸显性质的语义特征作为语法化的语义基础。上古时期和近代新兴的主观高量级程度副词中，以 ［＋大］的语义特征作为语法化的语义基础的词居多；中古时期以 ［＋正］［－正］居多；现当代主要以 ［＋大］［＋超出］的语义特征作为语法化的语义基础，其中以 ［＋超出］居多。

另外中古时期新兴的主观高量级程度副词以 ［＋正］［－正］的语义特征作为语法化的语义基础的居多。但 ［＋正］与 ［－正］是反义词，因此从近代开始，新兴的主观高量级程度副词鲜少再以此语义特征作为语法化的语义基础。如近代产生的主观高量级程度副词"好"，以 ［＋好］的语义特征作为语法化的语义基础，与其可构成反义词的"好不"也可用作主观高量级程度副词。然而根据张海涛（2008）的统计，"好不"在现代汉语里的使用频率呈下降趋势。由此可见，汉语主观高量级程度副词在语义特征区分类别上，呈明晰化发展趋势。

客观高量级程度副词在上古时期以含有 ［＋满］［＋终极］［＋增加］［＋特异］［＋超过/出］［＋改变］这些语义特征作为语法化的语义基础，其中含有 ［＋增加］的语义特征的最多，占比50％；中古时期都以 ［＋增加］为语义基础；近代以 ［＋超过/出］为语义基础；现代又以 ［＋增加］为语义基础；也就是说客观高量级程度副词在上古以后，主要以［＋增加］［＋超过/出］的语义特征作为语法化的语义基础。由此可见，客观高量级程度副词与主观高量级程度副词相似，在语义特征区分类别上，呈明晰化发展趋势。

三、跨类连用的减少化

根据前文，在中古时期，主观高量级程度副词"大"和"甚"出现了与主观极量级程度副词"极"的连用情况。在近代，主观高量级程度副词与主观极量级程度副词在连用上，主要有"甚"与"极"的连用"混搭"。近代主观高量程度副词出现了与主观超量级程度副词连用的情况，其中包括有"何"与"太"的连用"混搭"。近代主观高量级程度副词中，还出现了"殊"与主观极量级程度副词"极"的连用"混搭"，"颇₁"与主观极量级程度副词"极"的连用"混搭"现象。

客观高量级程度副词中，上古时期有客观高量级程度副词"益"与主观高量级程度副词"大"的连用。中古时期客观高量级程度副词"愈"出现了与主观高量级程度副词"甚"的连用，客观高量级程度副词"倍"出现了与主观高量级程度副词"甚"的连用。近代客观高量级程度副词"愈"出现了与主观极量级程度副词"极"的连用，客观高量级程度副词"转"出现了和主观高量级程度副词"大"的连用，以及客观高量级程度副词"转""加"和主观高量级程度副词"大"三连用的情形。

根据马清华（2003）所述，在现代汉语里，"非常过于""太很""格外很"是不合法的。也就是说，作为主观高量级程度副词的"非常"不能与主观超量级程度副词"过于"连用；主观超量级程度副词"太"不能与主观高量级程度副词"很"连用；客观高量级程度副词"格外"不能与主观高量级程度副词"很"连用。如例（611）中出现的"太很"，这里应视为"不太"与"很"的连用，而不是主观超量级程度副词"太"与主观高量级程度副词"很"的跨类连用。

（611）我们对李后主的词是既熟悉又陌生，对李后主，可以说，既知道又不太很清楚地知道。——百家讲坛《李后主和他的词》（CCL）

另外到了现代，客观高量级程度副词不再出现连用现象，更没有出现跨类连用的现象。不过主观高量级程度副词仍有连用现象的出现，如重叠使用等。

由此可见，现当代汉语主观和客观高量级程度副词跨类连用频率呈减少化趋势。

值得一提的是，现当代汉语里，主观高量级程度副词一般不能跨类连用，但主观高量级程度副词可以用否定式或与低量程度副词连用表委婉。如"不太好"，又如杨海明（2019）提到的"有点很兴奋"等。

四、语法化的单向性

根据 Kurylowicz（1965：52）所述，语法化是指一个词汇性语素的使用范围逐步增加较虚的成分和变成语法性语素的演化，或是从一个不太虚的语法要素变成一个更虚的语法要素，如一个派生语素变成一个屈折语素。张谊生（2000b）指出，副词虚化有三个阶段：一是实词虚化；二是副词内部由略虚向较虚转变；三是由副词转变为更虚的词类，如连词、语气词等。也就是说语法化是一个由实到虚、由虚到更虚的单向性演变的过程。

纵观主观高量级程度副词从古到今的演变过程，其基本上也是遵循语法化单向性演变趋势。以近代新兴的主观高量级程度副词"煞""生""老"为例。

（612）"我<u>煞</u>，大臣行说一个推辞谎，又则怕笔尖儿那火编修讲。"——《汉宫秋》（第三折）

（613）此女亦太憨<u>生</u>。——《聊斋志异·婴宁》

（614）门房<u>老</u>王奔向出事地点，把思成背回家中。——《林徽因传》（CCL）

近代的"煞"也可用作语气助词，如例（612），相当于"呀"。"生"在近代也可用作助词，如例（613）。"老"在现代汉语里可用作前缀，如例（614）中的"老王"。

古代汉语里使用频率一直很高的主观高量级程度副词"甚"，在现代汉语里更多的是以成词语素用在"甚至"一词中，用作程度副词的比例大大减少。通过北大 CCL 现代汉语语料库的查询，含"甚"的例句共有 102191 条，其中"甚至"有 78296 条，占比高达 76.62%。

当代汉语里还出现了"简直不要太₂X"的构式，主观高量级程度副词"太"作为构式中的一个成分出现。由此可见，汉语主观高量级程度副词的发展也遵循由实到虚、由虚到更虚的演变过程。这是其语法化单向性的体现，也是其虚化升级的体现。汉语主观高量级程度副词由虚到更虚的发展，除了可转变为语气词、助词等词类，还可转变为成词语素、构式成分等。

根据 Traugott（2001）所提，语法化单向性最合适的反例应该是一个形式返回到它的演变起点；或者一个已经语法化的语言项用于一个新的语法功能，这一语法功能比原有的更自由。纵观汉语主观高量程度副词的发展，基本遵循语法化单向性的发展趋势，仅有"酷"可视为反例。

根据《现代汉语词典》（第 7 版）第 755 页的解释，"酷"的常用义是残酷，也可用于表程度深。另外"酷"还可用于形容人外表英俊潇洒，表情冷峻坚毅，有个性，并对此标注"英［cool］"。也就是说"酷"在用作程度副词后，又产生了形容词的新用法。但这是受英语影响，是语言接触使"酷"成了语法化单向性的反例，这样的反例十分罕见。因此就汉语主观高量级程度副词的演变发展而言，语法化的单向性仍是主线。

汉语客观高量级程度副词的发展也是如此。"加"在上古、中古时期及近代都作为客观高量级程度副词使用，但在现代，其不再用作客观高量级程度副词。"加"的本义是动词，后虚化引申为客观高量级程度副词，从先秦到现代一直都存在连词的用法。如：

（615）这必然导致教师的工作负担的加重，<u>加之</u>学校管理中急功近利倾向，有许多学校甚至把学生考分和升学率同教师工资、奖金挂钩，导致教师队伍中竞争加剧，加重教师的心理压力。——（CCL）

例（615）中的"加之"作为连词使用。
又如：

（616）我一看到你表演时的记录方式就觉得特别亲切，真是一模一样，<u>况且</u>我每次是说一个小时，而你的一场演出最少两小时。——（CCL）

例（616）中的"况且"作连词。"兄"本义是动词，在上古时期用作客观高量级程度副词，又写作"况""況"。从中古以后"兄（况）"不再用作客观高量级程度副词。到了现代，又继续虚化为连词，如例（616）。

如"越"，本义是动词，在近代虚化为客观高量级程度副词。到了现代，"越"作为客观高量级程度副词不能单用，必须使用"越……越……"的结构式。根据曾萍萍、毛继光（2011）所述，"越X越Y"是构式，因为不能简单从其字面推测其含义。经统计，"越"在北大CCL语料库中，作为客观高量级程度副词，近一半出现在"越来越……"的构式中。

综上，客观高量级程度副词的发展也体现了语法化的单向性，即由虚向更虚的发展。除了可转变为连词，客观高量级程度副词也出现了构式表达。

另外，在语法化过程中，主观和客观高量级程度副词一致，即语法化程度高则使用频率高，使用频率高则组合搭配能力强，且易出现更多的连用现象。

五、主观性增强

纵观汉语主观与客观高量级程度副词的演变发展，高量级程度副词"分外"经历了由客观向主观的发展。

程度副词"分外"从宋代开始，几乎之后的每个时代都可用于比字句，因此近代汉语里的"分外"属客观程度副词。在现代汉语里，"分外"不能用于比字句，主观表程度，由此程度副词"分外"由客观转为主观。这是高量级程度副词主观性增强的体现。

六、主观化的双向发展

根据萨丕尔（1985）和姚振武（2016）所述，名词和动词是语言里最不可或缺的词类[①]。人类由于有主观情绪表达的需要，程度高量（包括极量级、超量级、高量级）又属于人类主观认知范畴中的显著类型，因此高量程度表达是人类语言表达的必需品。随着语言精细化的发展，高量程度副词便由实词虚化应需而生。也就是说是表达需要使高量程度副词得以产生，主观高量表达需要是高量程度副词产生的动机。

纵观汉语主观与客观高量级程度副词从古到今的发展，后带成分的抽象化即主观性是主观与客观高量级程度副词产生的关键因素。以前文提到的"大"为例。如果"大"的后带成分未抽象化，如例（25）和例（26）中的"大大王""大天"，"大"的后带成分为具体事物"大王""天"，那么"大"在此不可能作程度副词。又如例（270），其中的"好"后带成分为性质形容词"大"，因此"好大"出现了"临界状态"。"临界状态"通过语用因素的外部推力，使"好"得以实词虚化。客观高量级程度副词的产生亦是如此。例（202）中的"倍山陵"、例（204）中的"倍偿之"，由于"倍"后带成分为"山陵""偿之"，不具有抽象性、主观性，因此"倍"在此不可能虚化为程度副词。在例（205）中，"倍"的后带成分为性质形容词词组"不说（悦）"，具有主观性、抽象性，因此"倍"虚化为程度副词。

汉语主观与客观高量级程度副词从产生之日起，便可修饰性质形容词或心理动词。其中绝大多数都可修饰性质形容词，尤其是高频使用的高量级程度副词。"偏"作为主观高量级程度副词，在上古时期产生，由于语料较少，未能找到其修饰性质形容词的例子。但在中古时期及之后，"偏"都可修饰性质形容词。对于中古时期产生的主观高量级程度副词"雅""深为"，虽未能发现其修饰性质形容词的现象，但都可修饰心理动词。一方面，这是由于性质形容词、心理动词具有明显的量性特征；另一方面，这是由于性质形容词、心理动词具有的抽象性、主观性，使高量级程度副词得以主观化、具有主观性。这是语义的双向选择。能否修饰性质形容词或心理动词，是高量级程度副词的一个重要判定标准。因此，后带成分的抽象性、主观性是主观与客观高量级程度副词产生的诱因、关键因素。这是后带成分对主观与客观高量级程度副词的影响，主观化发展的方向是由后带成分指向主观与客观高量级程度副词的。

依照沈家煊（2001：273）的介绍，Sweetser（1990）等人用"隐喻"或空间域

---

① 赵元任（1979：292）将形容词看作动词的一个次类。

到时间域之间的投射来解释语法化的过程。R. W. Langacker 和 Traugott 等人认为语法化和主观化主要来自语用推理而不是隐喻。

　　根据本书对汉语主观与客观高量级程度副词从古到今的演变研究，隐喻机制是主观与客观高量级程度副词语法化、主观化得以实现的重要桥梁。从古到今，汉语主观高量级程度副词是通过含有凸显性质的语义特征，经隐喻机制引申为表程度高。上古时期和近代主要是以含有［＋大］的语义特征作为语法化的语义基础，中古时期主要是以［＋正］［－正］为语义基础，现当代主要以［＋超过/出］为语义基础。从古到今，客观高量级程度副词则主要以［＋增加］［＋超出/过］的语义特征作为语法化的语义基础，通过［＋增加］［＋超出/过］的语义特征，经隐喻机制表程度的加深。隐喻在汉语主观与客观高量级程度副词语法化、主观化进程中扮演着非常重要的角色。隐喻本身具有主观性，又加之主观高量表达需要是高量级程度副词产生的动机，由此再次印证了在主观与客观高量级程度副词的语法化进程中，主观化是语法化的基础。据此，在相邻成分指向主观与客观高量级程度副词的主观化进程中，隐喻机制是重要桥梁，语用因素在"临界状态"中扮演着外部推力的角色。隐喻机制与语用因素并不排斥彼此，相反，还是二者的合力促使了语法化、主观化的完成。

　　相邻成分具有的抽象性、主观性对主观与客观高量级程度词的主观化发展有着重要影响，这是相邻成分指向主观与客观高量级程度副词的主观化发展。反过来，主观与客观高量级程度副词也可以影响相邻成分的主观化发展。我们以当下流行的"燃"为例。

　　《说文解字》中提道，"燃作然"。又依照《说文解字》的释义："然，烧也。"由此可见"燃"的本义是燃烧。根据《现代汉语词典》（第 7 版）的释义，"燃"的义项为：①燃烧；②引火点着。由此可见，"燃"在现代汉语里的常用义是燃烧，作动词。通过查询北大 CCL 现代汉语语料库中含有"燃"的语料，"燃"作动词表燃烧之义，常常用于词语"燃烧""点燃"中。如：

　　（617）突然坠下成捆的被褥、被单，经火把一燃，火药便腾地燃烧起来。——《努尔哈赤》（CCL）

　　（618）盖茨对电脑的热情，重新燃烧得旺旺的。——《世界 100 位富豪发迹史》（CCL）

　　（619）她拿起三炷香、一对蜡烛，点燃它们，插在香炉中。——《蒋氏家族全传》（CCL）

　　（620）这句话直击我的软肋，点燃了我多年"世界因你不同"的梦想。——《世界因你而不同》（CCL）

例（617）中"燃烧"的主语是"火药"，例（618）中"燃烧"的主语是"热情"。显然例（618）中的"燃烧"比例（617）中的主观性强。例（619）中"点燃"的宾语是"三弦香""一对蜡烛"，例（620）中"点燃"的宾语是"梦想"。显然（620）中的"点燃"比例（619）中的主观性强。然而即便如此，例（618）和例（620）中的"燃"仍用作动词，表动作义。

当"燃"置于主观高量程度副词后，其抽象性、主观性明显增强，类似于性质形容词。如：

（621）再次感受！2021 中国体育健儿有多燃？——《人民日报》（2021 年 12 月 12 日）

（622）超燃！100 秒回顾中国航天 2021 精彩瞬间。——《环球日报》（2021 年 12 月 29 日）

（623）大家一起，现场肯定更燃了。——新浪微博（2021 年 5 月 10 日）

例（621）、例（622）、例（623）的"燃"置于主观高量级程度副词"多""超"和客观高量级程度副词"更"之后，动词"燃"的性状义被激发，类似于性质形容词。也就是说例（621）、例（622）、例（623）中的"燃"类似于性质形容词，比例（618）、例（619）中的表动作义的"燃"更具主观性。另外通过对新浪微博的查询，我们发现，类似于性质形容词的"燃"还可以与高频使用的现代主观高量级程度副词"极、最$_2$、很、非常、十分、特别、太$_2$、挺、多么、好、相当、够"以及当代新兴的主观高量级程度词"巨"搭配使用。由此可见"燃"在当下的主观性得到了大幅增强。张谊生（2019）指出，在特定的组合搭配中，如果没有程度副词的促发，动词的性状义很难被激活，更不可能形成固化的形容词化的性状义。也就是说，主观与客观高量级程度副词的主观性影响了动词"燃"，使本来只具有动作义的"燃"具有了性状义，增强了主观性。这是主观与客观高量级程度副词对相邻成分的影响，是主观与客观高量级程度副词指向相邻成分的主观化发展。

由此可见，在主观与客观高量级程度副词产生的过程中，相邻成分的主观性影响着主观与客观高量级程度副词的主观化发展。随着主观与客观高量级程度副词的发展与成熟，其反过来又用自身的主观性影响着相邻成分，使相邻成分进入主观化发展，从而拥有更强的主观性。据此，主观与客观高量级程度副词的主观化发展具有双向性。

第二节 发展特征的不同之处

古今汉语主观与客观高量级程度副词发展特征的不同之处主要体现在：

一、程度量级的模糊性

根据前文所述，《古代汉语词典》（第2版）第1087页将例（77）中的"偏"解释为"最"，可视为主观极量级程度副词。但《古代汉语虚词词典》则将其解释为"很、特别"，可视为主观高量级程度副词。结合程度副词"偏"在中古时期、近代的用法，以及与"偏"相似的"颇"在中古古时期、近代作程度副词的用法，本书认为例（77）中的"偏"解释为"很、非常"，作主观高量级程度副词更适宜。这是主观高量级程度副词"偏"在量级划分上存在分歧的体现。

在现代汉语绝对程度副词的量级划分上，分歧主要体现在对"相当、万分、分外、非常"等词的归类上。有的学者将"万分"列为超量级，有的学者将其列为高量级。对于"非常、分外"，有的学者将其列为极量级，有的学者将其列为高量级。

另外宗守云（2014）将现当代汉语里的"坏"列为极量级程度副词。根据《现代汉语词典》（第7版）第566页的解释，"坏"可作形容词，表示身体或精神受到某种影响而达到极不舒服的程度，有时只表程度深。据此本书将"坏"列为主观高量级程度副词而不是主观极量级程度副词。

我们可以看到，在部分主观高量程度副词的量级划分上容易产生分歧。这是主观高量程度副词程度量级模糊性的体现，也是其主观性强的体现。然而客观高量级程度副词表示的是程度的加深，不容易产生分歧。由此可见，主观高量级程度副词的主观性比客观高量级程度副词的主观性强。

二、补语位置的虚化

汉语主观高量级程度副词的虚化升级还体现在补语位置的虚化上。由于结果补语在中古时期才出现，因此上古、中古时期都不可能出现程度补语。而程度副词作补语在唐五代时期才出现。

由古代产生并沿用至今的主观高量级程度副词中，除了前文中提到的"很"，还有"大""万分"，它们在现代汉语里既可以作状语也可以作补语。如：

（624）那太好了，如果被乱箭射死那可就糗<u>大</u>了。——《罗德岛战记》（CCL）

例（624）中的"大"表程度高，用作补语。

根据《现代汉语词典》（第7版）第1350页的解释，"万分"是程度副词，可以作"万分高兴"的表达，也可以说成"激动万分"。"万分"既可以作状语，也可以作补语。

现当代新兴的主观高量级程度（副）词中，"爆""暴"也既可以作状语又可以作补语。

现当代新兴的主观高量级程度词中，"炸""坏""透""翻（天）"是实词从补语位置虚化为程度词，大部分只能作补语。

无论是程度副词从唐五代开始可用作补语，还是当代主观高量级程度词由实词从补语位置上虚化而来，这些都是汉语主观高量级程度（副）词虚化升级的体现。客观高量级程度副词从古到今只能用作状语，不能置后作补语。

三、语义特征可互为反义词

汉语主观高量级程度副词语法化的语义基础，其语义特征可以互为反义词。如上古时期产生的"偏"、中古时期产生的"颇₁""差₁"都是以［－正］的语义特征作为语法化的语义基础。中古时期产生的"雅""正"则是以［＋正］的语义特征作为语义基础。［－正］与［＋正］构成反义词。

上古时期产生的"良"、中古时期产生的"精"、近代产生的"好"（包括"好生""好是"）都是以［＋好］的语义特征作为语法化的语义基础。近代产生的"好不"、当代产生的"坏"则是以［＋好］的反义词作为语法化的语义基础。这是汉语主观高量级程度副词主观性更强的体现。而客观高量级程度副词则不具备这一特征。

四、新兴成员数量和连用现象

从上古时期开始，历经中古时期、近代到现当代，汉语主观高量级程度副词的成员总数多于客观高量级程度副词，新兴成员的数量也是如此。这是由于主观高量级程度副词的主观性高于客观高量级程度副词。人们在主观高量级程度副词的表达上更有求新意识。不过在古代汉语里，主观高量级程度副词使用频率最高的一直是"甚"，但客观高量级程度副词使用频率最高的，上古、中古时期及近代都不同，其分别是"愈""尤""更"。然而到了现代，主观高量级程度副词使用频率最高的是"很"，也就是说"很"取代了"甚"的位置。客观高量级程度副词中，使用频率表最高的依然是"更"。这是二者的不同之处。

尽管主观与客观高量级程度副词连用出现的次数都不多，但在连用上，古代汉语里的客观高量级程度副词的连用现象远超主观高量级程度副词。到了现当代，主观高量级程度副词仍有连用现象，如前文提到的"很很"。但客观高量级程度副词则不再出现连用现象，而只存有"越……越……""愈……愈……"的结构式。

附录1 语料来源表

本书上古时期、中古时期以及近代的语料来源具体如下：

上古时期：

《周易》《国语》《尚书》《论语》《公羊传》《战国策》《大学》《吕氏春秋》《商君书》《诗经》《孟子》《史记》《荀子》《礼记》《庄子》《左传》《楚辞》《列子》《老子》《韩非子》《墨子》《仪礼》《谷梁传》《晏子春秋》等。

中古时期：

《三国志》《齐民要术》《撰集百缘经》《佛本行集经》《汉书》《南齐书》《大庄严论经》《世说新语》《论衡》《抱朴子》《潜夫论》《十六国春秋》《启颜录》《宋书》《颜氏家训》《魏书》《文选》《鲍氏集》《后汉书》《曹植集》《诗品》《洛阳伽蓝记》《搜神记》《道行般若经》《金匮要略方论》《六度集经》《百喻经》《阿育王传》等。

近代：

《朱子语类》《红楼梦》《官场现形记》《新五代史》《金瓶梅词话》《型世言》《镜花缘》《水浒传》《醒世恒言》《祖堂集》《敦煌变文集》《晋书》《儿女英雄传》《醒世姻缘传》《老残游记》《西游记》《聊斋俚曲集》《初刻拍案惊奇》《警世通言》《儒林外史》《二刻拍案惊奇》《二十年目睹之怪现状》《孽海花》《海上花列传》《老乞大谚解》《五灯会元》《朴通事谚解》《元典章·刑部》《学农园记》《新校元刊杂剧三十种》等。

现代汉语的语料来源主要有：北京大学 CCL 语料库、国家语委语料库、北京语言大学 BCC 语料库、人民日报图文数据库（1946—2021）、人民网、百度贴吧、新浪微博等。书中标出其具体出处。

附录2　汉语主观与客观高量级程度副词列表

上古时期	主观高量级程度副词		甚（孔）、大、良、殊、何其、丕、盛、深、重、祁、一何、偏
	客观高量级程度副词		愈（逾、俞、瘉）、弥、益、滋、加、尤、兄（况）、更
中古时期	主观高量级程度副词	沿用	甚（孔）、大、深、良、殊、盛、何其、偏、一何、丕、重
		不再使用	祁
		新兴　单音节	颇₁、特、何、雅、笃、正、差₁、精、酷、奇
		新兴　双音节	甚为、不胜、深为
	客观高量级程度副词	沿用	尤、益、弥、更、愈、滋、加
		不再使用	兄
		新兴　单音节	倍、转
		新兴　双音节	尤为、更为
近代	主观高量级程度副词	沿用	甚、大、良、深、殊、颇₁、不胜、甚为、偏、深为、特、精、何、酷、何其、盛、差₁、奇、一何、雅、笃
		不再使用	丕、重、正
		新兴　单音节	好、很、煞、蛮、怪、生、老、挺、多
		新兴　双音节	十分、甚是、好不、大段、好生、非常、大故、异常、何等、多少₁、万分、老大、煞是、多么、大是、好是、颇为、万般、甚生、大为、万千
	客观高量级程度副词	沿用	更、愈、尤、益、转、加、弥、倍、更为、滋、尤为
		新兴　单音节	越
		新兴　双音节	越发、格外、益发、更是、分外₁、尤其、越是、倍常、愈发、转为

（续上表）

现代	主观高量级程度副词	沿用	很、非常、十分、挺、多么、好、多、何其、甚、特、老、颇₁、何等、异常、怪、甚是、大、好不、甚为、颇为、奇、万分、殊、不胜、良、深为、大为、好是、万般、深、煞、生、老大、酷、盛、雅、笃
		不再使用	大段、大故、偏、多少₁、何、煞是、差₁、大是、甚生、万千、一何
		方言	蛮、好生、精
		新兴	特别、太₂、相当、够、分外₂
	客观高量级程度副词	沿用	更、更为、更是、越、越发、越是、愈、愈发、愈为、格外、尤、尤其、尤为、益发、弥
		不再使用	益、转、加、倍、滋、分外₁、倍常、转为
		新兴	更加、越加、愈加、倍加、更其、还₁
当代新兴主观高量级程度词			很是、超、巨、狂、爆、暴、炸、坏、透、翻（天）、简直不要太₂X

注：

①"（　）"内为通假字或通用字。

②表中的"不再使用"一栏是针对所在时期的附录1中的语料而言。

③"太₁"是主观超量级程度副词。"太₂"是主观高量级程度副词。程度副词"太"未标注时视为作主观超量级程度副词使用。"颇₁、差₁、多少₁"是主观高量级程度副词。"分外₁"是客观高量级程度副词。"分外₂"是主观高量级程度副词。"还₁"是客观高量级程度副词。

参考文献

[1] 鲍金华.《高僧传》副词研究 [D]. 南京：南京师范大学，2005.

[2] 贝罗贝，吴福祥. 上古汉语疑问代词的发展与演变 [J]. 中国语文，2000（4）.

[3] 卞于靖.《水浒传》程度副词计量研究 [D]. 苏州：苏州大学，2007.

[4] 蔡冰. 新兴程度副词"狂"的语法化程度 [J]. 语言科学，2010（6）.

[5] 蔡丽. 程度范畴及其在补语系统中的句法实现 [D]. 广州：暨南大学，2010.

[6] 曹春静. 当代汉语新兴程度量级构式演变研究 [D]. 上海：上海外国语大学，2018.

[7] 曹秀玲."相当"的虚化及相关问题 [J]. 中国语文，2008（4）.

[8] 常志伟.《魏书》副词研究 [D]. 南京：南京师范大学，2008.

[9] 常志伟."极其"的词化历程与动因 [J]. 南京师范大学文学院学报，2014（1）.

[10] 钞晓菲.《孙子》副词研究 [D]. 太原：山西大学，2007.

[11] 陈海生.《史记》副词研究 [D]. 芜湖：安徽师范大学，2006.

[12] 陈家春.《荀子》副词研究 [D]. 重庆：西南大学，2006.

[13] 陈兰芬. 中古汉语程度副词探析 [D]. 广州：华南师范大学，2004.

[14] 陈明美."非常"一词的汉日对比研究 [J]. 暨南大学华文学院学报，2005（4）.

[15] 陈群. 近代汉语程度副词研究 [M]. 成都：巴蜀书社，2006.

[16] 陈伟武. 汉语"尤最"副词的对立来源 [J]. 语文研究，1994（2）.

[17] 陈小荷. 主观量问题初探：兼谈副词"就""都""才" [J]. 世界汉语教学，1994（4）.

[18] 储泽祥，肖扬，曾庆香. 通比性的"很"字结构 [J]. 世界汉语教学，1999，13（1）.

[19] 邓海宁. 网络新兴程度副词"恶""奇""酷""神"研究 [D]. 石家庄：河北师范大学，2017.

[20] 刁晏斌. 略论程度副词修饰动词性词语 [J]. 锦州医学院学报（社会科学版），2005（1）.

[21] 刁晏斌. 试论"程度副词＋一般动词"形式 [J]. 世界汉语教学，2007（1）.

［22］丁声树，等．现代汉语语法讲话［M］．北京：商务印书馆，1961.

［23］董秀芳．论句法结构的词汇化［J］．语言研究，2002（3）．

［24］董志翘，蔡镜浩．中古虚词语法例释［M］．吉林：吉林教育出版社，1994.

［25］杜道流．与"多（么）、太、好"有关的感叹句［J］．语言研究，2004，24（3）．

［26］冯军．《陈书》副词研究［D］．南京：南京师范大学，2007.

［27］冯卓．唐诗"尤最"副词研究［D］．长春：吉林大学，2005.

［28］傅书灵．《歧路灯》程度副词"极"字考察［J］．安阳师范学院学报，2005（4）．

［29］付开平，匡鹏飞．论"搁不住"的词汇化与语法化［J］．语言研究，2021，41（4）．

［30］付玉萍．"老大"从形容词到副词的语法化历程及其句法表现［J］．首都师范大学学报（社会科学版），2006（5）．

［31］高列过．东汉佛经疑问代词"何等""何"地位演变差异探究［J］．浙江教育学院学报，2009（6）．

［32］高永奇．感叹句中"多（么）""太"的语义、句法、语用分析［J］．殷都学刊，1999（1）．

［33］高育花．中古汉语副词研究［M］．合肥：黄山书社，2007.

［34］葛佳才．东汉副词系统研究［M］．长沙：岳麓书社，2005.

［35］葛宁．副词"更"的句法、语义、语用分析［J］．现代交际，2012（7）．

［36］顾铭．现代汉语"超"的多角度研究［D］．扬州：扬州大学，2013.

［37］顾珍．《周书》副词研究［D］．南京：南京师范大学，2006.

［38］桂诗春．从"这个地方很郊区"谈起［J］．语言文字应用，1995（3）．

［39］韩容洙．现代汉语的程度副词［J］．汉语学习，2000（2）．

［40］韩新华．程度副词"不胜"的产生［J］．湛江师范学院学报，2012，33（4）．

［41］郝琳．动词受程度副词修饰的认知解释［J］．佳木斯大学社会科学学报，1999（5）．

［42］贺阳．"程度副词＋有＋名"试析［J］．汉语学习，1994（2）．

［43］洪成玉．《史记》中的程度副词"颇"［J］．首都师范大学学报（社会科学版），1997（1）．

［44］呼叙利．副词后缀"为"例释［J］．西南交通大学学报（社会科学版），2007，8（1）．

［45］胡丽珍．再论三个程度副词"巨""狂""奇"［J］．修辞学习，2008（3）．

［46］胡明扬．"很激情""很青春"等［J］．语文建设，1992（4）．

［47］黄伯荣，廖序东．现代汉语［M］．北京：高等教育出版社，1991．

［48］黄增寿．汉译佛经中作状语的"甚大"［J］．济南大学学报（社会科学版），2005a，15（5）．

［49］黄增寿．《贤愚经》状语研究［D］．南京：南京大学，2005b．

［50］吉益民．现代汉语主观极量图式构式研究［D］．扬州：扬州大学，2016．

［51］吉益民．主观极量唯补结构的建构机制与运行状况［J］．世界汉语教学，2017，31（4）．

［52］江蓝生．魏晋南北朝小说词语汇释［M］．北京：语文出版社，1988．

［53］江蓝生．超常组合与语义羡余：汉语语法化诱因新探［J］．中国语文，2016（5）．

［54］蒋绍愚．汉语动结式产生的时代［C］//袁行霈．国学研究：第六卷．北京：北京大学出版社，1999．

［55］旷书文．论"程度副语素＋为/是"的语法化［J］．暨南大学华文学院学报，2005（3）．

［56］雷冬平．程度副词"相当"形成的特殊路径［J］．汉语学习，2018（3）．

［57］雷冬平，胡丽珍．说说程度副词"暴"和"超"［J］．汉语学习，2011（5）．

［58］雷冬平，胡丽珍．论副词"特为"形成的突变与渐变及相关问题［J］．汉语史研究集刊，2017（2）．

［59］雷冬平，李要真．程度副词"极度"与"极端"的语法化研究［J］．黄河科技大学学报，2014，16（1）．

［60］李崇兴，祖生利．《元典章·刑部》语法研究［M］．开封：河南大学出版社，2010．

［61］李得成．《祖堂集》副词系统研究［D］．兰州：西北师范大学，2011．

［62］李海霞．《论》《孟》《老》《庄》的程度副词及其与明清的比较［J］．西华大学学报（哲学社会科学版），2007，26（3）．

［63］李计伟．试论程度副词"老大"的来源［J］．云南师范大学学报（对外汉语教学与研究版），2005，3（6）．

［64］李杰群．"甚"的词性演变［J］．语文研究，1986（2）．

［65］李杰群．《孟子》的副词［J］．北京广播电视大学学报，1997（3）．

［66］李锦．《三国志平话》的程度副词研究［J］．安徽文学（下半月），2009（1）．

［67］李晋霞．"好"的语法化与主观性［J］．世界汉语教学，2005（1）．

［68］李俊玲．程度副词的主观性研究［D］．武汉：华中科技大学，2007．

［69］李立成．近代汉语中的副词"杀""煞"及其变体［J］．黄淮学刊（哲学社会科学版），1995，11（4）．

［70］李林浩．《战国策》程度副词研究［D］．广州：暨南大学，2007．

［71］李泉．副词和副词的再分类［C］//胡明扬．词类问题考察．北京：北京语言学院出版社，1996.

［72］李翔宇．程度副词"很""太""老"差异新探［J］．语文教学通讯（D刊·学术刊），2015（9）.

［73］李向梅．《三国志》裴注副词研究［D］．南京：南京师范大学，2007.

［74］李小军．范围、程度、频率、语气：副词之间的语义关联［J］．汉语史学报，2019（1）.

［75］李宇明．论形容词的级次［J］．语法研究和探索，1997（1）.

［76］梁伍镇．论元代汉语《老乞大》的语言特点［J］．民族语文，2000（6）.

［77］林桦．《搜神记》副词研究［D］．乌鲁木齐：新疆师范大学，2007.

［78］蔺璜，郭姝慧．程度副词的特点范围与分类［J］．山西大学学报（哲学社会科学版），2003（2）.

［79］刘丞．副词"何等"的形成及其功能扩展［J］．中南大学学报（社会科学版），2014，20（6）.

［80］刘丹青．从所谓"补语"谈古代汉语语法学体系的参照系［C］//浙江大学汉语史研究中心．汉语史学报．上海：上海教育出版社，2005.

［81］刘丹青．"有"字领有句的语义倾向和信息结构［J］．中国语文，2011（2）.

［82］刘坚，曹广顺，吴福祥．论诱发汉语词汇语法化的若干因素［J］．中国语文，1995（3）.

［83］刘金勤．《直说通略》的副词研究［D］．武汉：华中科技大学，2004.

［84］刘凯鸣．副词"伤"源流初探：兼与吴琦幸先生商榷［J］．汉语学习，1985（6）.

［85］刘平．现代汉语程度副词及程度副词结构研究［D］．武汉：武汉大学，2011.

［86］刘月华，潘文娱，故韦犨．实用现代汉语语法［M］．增订本．北京：商务印书馆，2001.

［87］刘云峰．《国语》副词语法研究［D］．桂林：广西师范大学，2007.

［88］刘晓凡．程度副词"挺"的语法化［J］．现代语文语言应用研究，2008（10）.

［89］刘晓惠．《搜神记》程度副词考察［J］．山西广播电视大学学报，2005，10（3）.

［90］刘晓梅．汉语贬义"很"类程度副词的历时更替［J］．语文学刊，2004（3）.

［91］刘志基．零距离看远距离：字词春秋［M］．上海：上海文化出版社，2002.

［92］柳士镇．魏晋南北朝历史语法［M］．南京：南京大学出版社，1992.

［93］卢惠惠．近代汉语程度副词"老"的语法化［J］．语言研究，2009，29（4）．

［94］陆俭明，沈阳．汉语和汉语研究十五讲［M］．北京：北京大学出版社，2003．

［95］吕华萍．东汉、三国译经副词系统比较研究［D］．长沙：湖南师范大学，2006．

［96］吕叔湘．现代汉语八百词［M］．北京：商务印书馆，1980．

［97］吕叔湘．中国文法要略［M］．北京：商务印书馆，1982．

［98］吕叔湘．语文杂记［M］．上海：上海教育出版社，1984．

［99］吕叔湘．近代汉语指代词［M］．江蓝生，补．上海：学林出版社，1985．

［100］吕雅贤．从先秦到西汉程度副词的发展［J］．北京大学学报（哲学社会科学版），1992（5）．

［101］麻彩霞．新兴"暴"类程度副词＋动宾词组考察［J］．汉字文化，2017（20）．

［102］马碧．汉语"更"类副词的历时考察［D］．长沙：湖南师范大学，2004．

［103］马清华．强程度标记的叠加［J］．华东师范大学学报（哲学社会科学版），2003（2）．

［104］马真．普通话里的程度副词"很、挺、怪、老"［J］．汉语学习，1991（2）．

［105］马真．程度副词在表示程度比较的句式中的分布情况考察［J］．世界汉语教学，1988（2）．

［106］毛丽娜．《世说新语》与《齐民要术》副词比较研究［D］．南京：南京师范大学，2007．

［107］梅光泽．《世说新语》副词研究［D］．芜湖：安徽师范大学，2005．

［108］梅晶．魏晋南北朝小说中程度副词修饰心理动词之考察：兼与先秦比较［J］．韶关学院学报，2007（7）．

［109］孟艳红．《五灯会元》程度副词研究［D］．武汉：武汉大学，2004．

［110］聂丹．《水浒传》里的副词"最"［J］．贵州大学学报（社会科学版），2008（6）．

［111］牛丽亚．《论衡》副词研究［D］．南京：南京师范大学，2005．

［112］牛庆．高量级绝对程度副词的主观性与主观化研究［D］．济南：山东大学，2017．

［113］欧苏婧．上古汉语主观极量级程度副词研究［J］．广西大学学报（哲学社会科学版），2021，43（5）．

［114］彭坤．《红楼梦》程度副词的分类描写［J］．文学教育（上半月），2007（12）．

［115］彭小川，严丽明．广州话形成中的程度副词"超"探微［J］．广西社会

科学，2006（2）．

［116］齐瑞霞．《淮南子》副词研究［D］．济南：山东师范大学，2002．

［117］覃兴华．《庄子》程度副词研究［D］．太原：山西大学，2006．

［118］任雪梅．《诗经》副词研究［D］．长春：吉林大学，2006．

［119］单梅青．《抱朴子内篇》副词研究［D］．济南：山东师范大学，2008．

［120］单韵鸣．副词"真"和"很"的用法比较［J］．汉语学习，2004（6）．

［121］邵敬敏，吴立红．"副＋名"组合与语义指向新品种［J］．语言教学与研究，2005（6）．

［122］邵敬敏，赵春利．关于语义范畴的理论思考［J］．世界汉语教学，2006（1）．

［123］邵敬敏．主观性的类型与主观化的途径［J］．汉语学报，2017（4）．

［124］沈家煊．"语法化"研究综观［J］．外语教学与研究，1994（4）．

［125］沈家煊．"有界"与"无界"［J］．中国语文，1995（5）．

［126］沈家煊．语言的"主观性"和"主观化"［J］．外语教学与研究（北京外国语大学学报），2001（4）．

［127］施春宏．名词的描述性语义特征与副名组合的可能性［J］．中国语文，2001（3）．

［128］师倩．《列子》副词研究［D］．太原：山西大学，2007．

［129］十禾．恐怕还得复杂一些：谈"不要太……"句型的语用方式［J］．当代修辞学，1993（2）．

［130］时良兵．支谦译经副词研究［D］．南京：南京师范大学，2004．

［131］石毓智．现代汉语的肯定性形容词［J］．中国语文，1991（3）．

［132］石毓智．语法的形式和理据［M］．南昌：江西教育出版社，2001．

［133］石毓智．语法化的动因与机制［M］．北京：北京大学出版社，2006．

［134］史维国．"语义滞留"原则及其在汉语语法中的表现［J］．外语学刊，2016（6）．

［135］宋洪民．《史记》副词"最"特殊句法位置试析［J］．古汉语研究，2002（2）．

［136］宋相伟．义净译经副词研究［D］．南京：南京师范大学，2005．

［137］苏颖，杨荣祥．上古汉语状位形容词的鉴别［J］．语言研究，2004，34（1）．

［138］孙玲．《韩非子》副词研究［J］．玉林师范学院学报，2006（1）．

［139］孙淑梅．晋诗双音节副词研究［D］．桂林：广西师范大学，2008．

［140］索烨丹．《春秋公羊传》副词研究［D］．太原：山西大学，2007．

［141］太田辰夫．中国语历史文法［M］．蒋绍愚，徐昌华，译．北京：北京大学出版社，1987．

［142］汤传扬．近代汉语程度副词"很"的兴起和"甚"的衰落［J］．南京师范大学文学院学报，2019（3）．

［143］唐贤清．《朱子语类》中的副词"大段"［J］．湖南大学学报（社会科学版），2002（6）．

［144］唐贤清．《朱子语类》副词研究［D］．长沙：湖南师范大学，2003a.

［145］唐贤清．《朱子语类》副词"大故"探析［J］．船山学刊，2003b（2）．

［146］唐贤清．《朱子语类》副词研究［M］．长沙：湖南人民出版社，2004a.

［147］唐贤清．副词"煞"与"杀"句法分布的历时演变［J］．长沙电力学院学报（社会科学版），2004b，19（2）．

［148］唐贤清，陈丽．"极"作程度补语的历时发展及跨语言考察［J］．古汉语研究，2010（4）．

［149］唐贤清，罗主宾．程度副词作补语的跨语言考察［J］．民族语文，2014（1）．

［150］唐韵．近代汉语的程度副词"十分"［J］．四川师范学院学报（哲学社会科学版），1992（4）．

［151］滕沁芳．基于语料库的"程度副词+名词"的名词研究［D］．上海：上海外国语大学，2013.

［152］田静．《晏子春秋》副词研究［D］．太原：山西大学，2007.

［153］童健．《洛阳伽蓝记》副词研究［D］．乌鲁木齐：新疆大学，2008.

［154］汪维辉．《齐民要术》词汇语法研究［M］．上海：上海教育出版社，2007.

［155］汪智云．现代汉语程度副词的来源研究［D］．长沙：湖南师范大学，2009.

［156］王红斌．绝对程度副词与心理动词组合后所出现的程度义空范畴［J］．烟台师范学院学报（哲学社会科学版），1998（1）．

［157］王静．"很"的语法化过程［J］．淮阴师范学学院学报（哲学社会科学版），2003（4）．

［158］王科．浅析"不要太……哦"结构的新用法［J］．黑龙江教育学院学报，2010，29（2）．

［159］王力．王力文集第一卷中国语法理论［C］．济南：山东教育出版社，1984.

［160］王力．中国现代语法［M］．北京：商务印书馆，1985.

［161］王力．汉语史稿［M］．北京：中华书局，1980.

［162］王丽洁．《型世言》程度副词研究［D］．济南：山东大学，2007.

［163］王丽霞．《春秋谷梁传》副词研究［D］．太原：山西大学，2007.

［164］王巧明，唐贤清．试论古汉语语言现象的消失与遗存：以程度副词"伤"

为例［J］. 古汉语研究，2019（4）.

　　［165］王群.《醒世姻缘传》副词研究［D］. 济南：山东师范大学，2001.

　　［166］王思逸. 新兴程度副词"超""巨"的功能用法及语义特征［J］. 西北成人教育学院学报，2018（6）.

　　［167］王素珍."非常"的语法化过程［J］. 廊坊师范学院学报，2007，23（1）.

　　［168］王秀玲. 程度副词"分外"的来源及其发展［J］. 古汉语研究，2007（4）.

　　［169］王宗联. 程度副词"很"与"最"［J］. 四川师范大学学报（社会科学版），1993（2）.

　　［170］吴长安."还"和"更"研究［D］. 长春：吉林大学，2008.

　　［171］吴福祥. 敦煌变文语法研究［M］. 长沙：岳麓书社，1996.

　　［172］吴福祥. 关于语法化的单向性问题［J］. 当代语言学，2003（4）.

　　［173］吴立红. 状态形容词在使用过程中的程度磨损［J］. 修辞学习，2005（6）.

　　［174］武振玉.《儿女英雄传》中的程度副词述评［J］. 绥化师专学报，2003，23（4）.

　　［175］武振玉. 程度副词"十分"的产生与发展［J］. 山东教育学院学报，2004a，19（6）.

　　［176］武振玉. 程度副词"好"的产生与发展［J］. 吉林大学社会科学学报，2004b（2）.

　　［177］武振玉. 程度副词"非常、异常"的产生与发展［J］. 古汉语研究，2004c（2）.

　　［178］武振玉. 试论《三言二拍》中的双音程度副词［J］. 延边大学学报（社会科学版），2005，38（2）.

　　［179］夏齐富. 程度副词再分类试探［J］. 安庆师范学院学报（社会科学版），1996（3）.

　　［180］夏雨晴.《南齐书》副词研究［D］. 南京：南京师范大学，2004.

　　［181］香坂顺一. 白话语汇研究［M］. 江蓝生，白维国，译. 北京：中华书局，1997.

　　［182］肖奚强. 现代汉语语法与对外汉语教学［M］. 上海：学林出版社，2002.

　　［183］解惠全. 谈实词的虚化［C］//南开大学中文系《语言研究论丛》编委会语言研究论丛：第4辑. 天津：南开大学出版社，1987.

　　［184］谢换玲. 魏晋南北朝汉译佛经程度副词研究［D］. 广州：中山大学，2010.

　　［185］谢平. 浅论现代汉语的程度表达［J］. 世界汉语教学，2011，25（3）.

　　［186］邢福义. 汉语语法学［M］. 长春：东北师范大学出版社，1996.

　　［187］邢福义."最"义级层的多个体涵量［J］. 中国语文，2000（1）.

［188］徐建宏．程度副词"很"与"太"的用法辨析［J］．辽宁大学学报（哲学社会科学版），2005，33（2）．

［189］徐晶凝．关于程度副词的对外汉语教学［J］．南开学报（哲学社会科学版），1998（5）．

［190］徐朝华．上古汉语的程度词［J］．河北师院学报（哲学社会科学版），1993（3）．

［191］薛童心，张平．从语言虚化角度看程度副词"很""挺"之异同［J］．内蒙古师范大学学报（哲学社会科学版），2012（3）．

［192］杨伯峻，何乐士．古汉语语法及其发展［M］．修订本．北京：语文出版社，2001．

［193］杨德峰．副词修饰动词性成分形成的结构的功能［J］．汉语学习，1999（1）．

［194］杨海明．论数字化时代汉语新兴高程度词：言语的私人订制、语境管辖与高程度表达的语体风格倾向［J］．当代修辞学，2019（5）．

［195］杨惠．《白居易集》诗歌副词研究［D］．南京：南京师范大学，2007．

［196］杨荣华．"狂"类词新兴用法中的程度量级差异考察［J］．修辞学习，2007（5）．

［197］杨荣祥．近代汉语副词简论［J］．北京大学学报（哲学社会科学版），1999（3）．

［198］杨荣祥．汉语副词形成刍议［C］//北京大学中文系《语言学论丛》编委会．语言学论丛：第23辑．北京：商务印书馆，2001．

［199］杨荣祥．从历史演变看"VP＋甚/极"的句法语义结构关系及"甚/极"的形容词词性［J］．语言科学，2004（2）．

［200］杨荣祥．近代汉语副词研究［M］．北京：商务印书馆，2005．

［201］杨振华．汉语史中"更"类程度副词历时更替的原因分析［J］．山西大同大学学报（社会科学版），2019，33（2）．

［202］姚占龙．也谈能受程度副词修饰的"有＋名"结构［J］．汉语学习，2004（4）．

［203］姚振武．上古汉语动结式的发展及相关研究方法的检讨［J］．古汉语研究，2013（1）．

［204］姚振武．试论上古汉语语法的综合性［J］．古汉语研究，2016（1）．

［205］尹洪波．《汉文经纬》所揭示的古汉语语法规律［J］．古汉语研究，2019（3）．

［206］尹若男．程度副词"太"共时与历时研究［D］．哈尔滨：黑龙江大学，2019．

［207］于员玉．《新书》副词研究［D］．上海：华东师范大学，2007．

［208］袁宾．近代汉语"好不"考［J］．中国语文，1984（3）．

［209］曾萍萍，毛继光．"越 X 越 Y"构式解析［J］．长春师范学院学报（人文社会科学版），2011，30（4）．

［210］曾容．词义的动态范畴化研究［D］．重庆：西南大学，2018．

［211］张斌．现代汉语描写语法［M］．北京：商务印书馆，2010．

［212］张赪．从汉语比较句看历时演变与共时地理分布的关系［J］．语文研究，2005（1）．

［213］张道俊，石艳．现代汉语程度副词的基本范围［J］．湖北师范学院学报（哲学社会科学版），2015（4）．

［214］张桂宾．相对程度副词与绝对程度副词［J］．华东师范大学学报（哲学社会科学版），1997，29（2）．

［215］张国宪．形容词的记量［J］．世界汉语教学，1996（4）．

［216］张国宪．现代汉语形容词的典型特征［J］．中国语文，2000（5）．

［217］张海媚．《朱子语类》中"杀"字结构的用法［J］．殷都学刊，2008，29（2）．

［218］张海媚．"教"的读音演变及其与"叫"的历时更替［J］．西南交通大学学报（社会科学版），2012（2）．

［219］张海涛．《庄子》副词研究［D］．桂林：广西师范大学，2003．

［220］张海涛．"好不 X"格式发展演变初探［J］．焦作师范高等专科学校学报，2008，24（4）．

［221］张家合．程度副词"越""越发"的语法化及相关问题［J］．汉语学习，2010（5）．

［222］张家合．汉语程度副词历史演变的多角度研究［M］．北京：中国社会科学出版社，2017．

［223］张琪昀．"太""很"考辨［J］．汉语学习，2002（4）．

［224］张亚茹．《论语》中的副词［J］．现代语文（语言研究版），2006（3）．

［225］张艳．《梁书》副词研究［D］．南京：南京师范大学，2004．

［226］张诒三．《三国志·魏书》程度副词的特点［J］．殷都学刊，2001（3）．

［227］张谊生．副名结构新探［J］．徐州师范学院学报（哲学社会科学版），1990，16（3）．

［228］张谊生．程度副词充当补语的多维考察［J］．世界汉语教学，2000a（2）．

［229］张谊生．现代汉语副词研究［M］．上海：学林出版社，2000b．

［230］张谊生．论与汉语副词相关的虚化机制：兼论现代汉语副词的性质、分类与范围［J］．中国语文，2000c（1）．

［231］张谊生．现代汉语虚词［M］．上海：华东师范大学出版社，2000d．

［232］张谊生．现代汉语副词探索［M］．上海：学林出版社，2004．

［233］张谊生．"透顶"与"绝顶"的句法功能和搭配选择［J］．语文研究，2008（4）．

［234］张谊生．现代汉语副词分析［M］．上海：上海三联书店，2010．

［235］张谊生．程度副词"到顶"与"极顶"的功能、配合与成因：兼论从述宾短语到程度副词的结构与语义制约［J］．世界汉语教学，2013，27（1）．

［236］张谊生．现代汉语副词研究［M］．修订本．北京：商务印书馆，2014．

［237］张谊生．从到顶义述宾短语到极性义程度副词：以"之极、至极"和"之至、之致"为例［J］．语言科学，2015，14（4）．

［238］张谊生．从相对到绝对：程度副词"最"的主观化趋势与后果［J］．语文研究，2017（1）．

［239］张谊生．"很/太＋名/动"的形化模式与演化机制及其表达功用：兼论程度副词在相应组配中的四种功用［J］．汉语学习，2019（5）．

［240］张智慧，李冬鸽．相对程度副词"还"与"更"的辨析［J］．现代语文（语言研究版），2010（3）．

［241］赵长才．《庄子》的程度副词系统［C］//浙江大学汉语史研究中心．汉语大学版：第6辑．杭州：浙江大学出版社，2006．

［242］赵芳．试论当代新兴的程度副词"巨、恶、狂、超、暴"［J］．海外华文教育，2006（4）．

［243］赵娟．《战国策》副词研究［D］．济南：山东师范大学，2005．

［244］赵军．程度副词"顶"的形成与分化［J］．云南师范大学学报（对外汉语教学与研究版），2005，3（2）．

［245］赵军．极性程度副词研究［D］．上海：上海师范大学，2006．

［246］赵军．"最"类极性程度副词的形成和发展［J］．宁夏大学学报（人文社会科学版），2009，31（4）．

［247］赵军．现代汉语程度量及其表达形式研究［D］．上海：华东师范大学，2010．

［248］赵清永，孙刚．汉语焦点理论及其在对外汉语教学上的应用［J］．语言文字应用，2005（A1）．

［249］赵元任著．汉语口语语法［M］．吕叔湘，译．北京：商务印书馆，1979．

［250］赵振兴．《周易》副词研究［J］．语言研究，2003，23（2）．

［251］赵志强，陈满华．"够"的情态义及构式化研究［J］．新疆大学学报（哲学·人文社会科学版），2019，47（3）．

［252］郑欢．主观极量构式"简直不要太X"的多维考察［D］．武汉：华中师范大学，2019．

［253］郑秋娟．《型世言》多义程度副词计量考察［J］．苏州科技学院学报（社会科学版），2008，25（1）．

［254］郑燕萍．《型世言》"极"组程度副词使用情况考察［J］．莆田学院学报，2007a（3）．

［255］郑燕萍．《型世言》程度副词句法语义分析［J］．学术交流，2007b（4）．

［256］郑章．浅谈感叹句中副词"多（多么）"和"真"的差异［J］．现代语文（语言研究版），2012（11）．

［257］周娟．"暴"类新流行程度副词的多维考察［J］．修辞学习，2006（6）．

［258］周泉．"格外"与"分外"的异同：兼论两词的副词历程与动因［J］．国际汉语学报，2014（1）．

［259］周小兵．论现代汉语的程度副词［J］．中国语文，1995（2）．

［260］朱德熙．语法讲义［M］．北京：商务印书馆，1982．

［261］朱磊．现代汉语程度副词的新形式和新功能研究［D］．上海：上海师范大学，2018．

［262］宗守云．从"到家"的演变看终点义到极致义的语义发展途径［J］．世界汉语教学，2014，28（3）．

［263］GOLDBERG A E. Constructions at work：the nature of generalization in language［M］．New York：Oxford University Press，2006．

［264］HEINE B，CLAUDI U & HÜNNEMEYER F. Grammaticalization：a conceptual framework［M］．Chicago：The University of Chicago Press，1991．

［265］HOPPER P J & TRAUGOTT E C. Grammaticalization［M］．Cambridge：Cambridge University Press，2003．

［266］LANGACKER R. Foundations of cognitive grammar：vol. 1［M］．Stanford：Stanford University Press，1987．

［267］LYONS J. Semantics［M］．Cambridge：Cambridge University Press，1977．

［268］STEIN D & WRIGHT S. Subjectivity and subjectivisation［C］．Cambridge：Cambridge University Press，1995．

［269］埃米尔·本维尼斯特．普通语言学问题［M］．王东亮，译．北京：生活·读书·新知三联书店，2008．

［270］爱德华·萨丕尔．语言论［M］．陆卓元，译．北京：商务印书馆，1985．

工具书

［1］商务印书馆辞书研究中心．古代汉语词典［Z］．2 版．北京：商务印书馆，2014．

［2］王力．王力古汉语字典［Z］．北京：中华书局，2000.

［3］中国社会科学院语言研究所词典编辑室．现代汉语词典［Z］．7 版．北京：商务印书馆，2016.

［4］《汉语大词典》编委会，《汉语大词典》编纂处．汉语大词典．上海：汉语大词典出版社，2001.

［5］许慎．说文解字［M］．林宇宸，主编．桂林：漓江出版社，2018.

［6］许慎．说文解字段注［M］．段玉裁，注．成都：成都古籍书店，1981.

［7］朱骏声．说文通训定声［M］．北京：中华书局：1984.

［8］中国社会科学院语言研究所古代汉语研究室．古代汉语虚词词典［Z］．北京：商务印书馆，1999.

［9］钟兆华．近代汉语虚词词典［Z］．北京：商务印书馆，2015.

［10］许少峰．近代汉语大词典［Z］．北京：中华书局，2008.

［11］张斌．现代汉语虚词词典［Z］．北京：商务印书馆，2001.

［12］何金松．虚词历时词典［Z］．武汉：湖北人民出版社，1994.

［13］霍恩比．牛津高阶英汉双解词典［Z］．4 版增补本．李北达，译．北京：商务印书馆，2002.

［14］北京语言学院语言教学研究所．现代汉语频率词典［Z］．北京：北京语言学院出版社，1986.

［15］郭璞．尔雅［M］．王世伟，校点．上海：上海古籍出版社，2015.